滄海叢刊

文化哲學講錄

（一）

鄔昆如 著

1979

東大圖書公司印行

中華民國六十八年二月初版

文化哲學講錄(一)

基本定價叁元陸角柒分

著作者 鄔昆如
發行人 莊剛彰
出版者 東大圖書有限公司
總經銷 三民書局股份有限公司
印刷所 東大圖書有限公司
臺北市重慶南路一段六十一號二樓
郵政劃撥一〇七一七五號

行政院新聞局登記證局版臺業字第〇一九七號

序

從民國六十二年起，應教育部社會教育司、國防部、救國團、哲學與文化月刊社、中國天主教哲學會等單位之邀，所作有關文化、哲學的演講，到六十六年止，一共收集了九篇，交給東大圖書公司出版，給一些愛好哲學、關心文化，而又未能參加演講會人士，提供一點個人對哲學、對文化所發表的一些公開的意見，或有助於中國文化復興，以及中國文化重建問題。這就是本書出版的最主要原因。

本書所收集的九篇講稿，內容上雖不劃一，有西洋當代思想潮流方面的、有批判共產唯物思想的、有闡揚三民主義哲學理論的、亦有比較中西文化的，但是，全書的內涵，都環繞在文化的探討方面，而且都是站在哲學方法的立場，來討論各種問題，因而命名爲「文化哲學講錄」。

講演過程、都是由「史的發展」、「內在涵義」、「當代意義」三部曲來貫穿整體，這是筆者治學的一貫方法：在討論每一問題，都「檢討過去」、「把握現在」、「策勵將來」；而且，希望在固有的文化基礎上，建立新的、適合潮流的、而且能領導世界人類的文化體系，以進入人類文化的社會政治最終目標：世界大同、天下爲公。

標題稱「文化哲學講錄㈠」，表示筆者有意把其它未列入本書的講稿，在時間的允許下，會陸續整理，付梓出版，以補本書之不足。

鄔昆如於臺大返國學人宿舍

民國六十七年耶誕節

文化哲學講錄（一）目次

存在主義真象

前言

「存在主義」純粹是西方的文化產品，是西方二十世紀前半期的一大哲學思潮。雖然它目前在歐洲已經是過期的東西，但在美洲和亞洲仍然方興未艾。在這個理想與現實有距離的世代中，討論它的問題，以及其解決問題的方法，或所得出的答案，並非沒有意義的事。

我講這個題目的目的，是要指出「存在主義」究竟是什麼，「存在主義」學者眞的說了什麼，他們有什麼目的，以及目前在我國發展的存在主義與原來（或歐洲目前）的存在主義有什麼異同。

兄弟在臺大畢業後，曾到歐洲七年，在哲學園地中，發現存在主義的思想非常博雜，有好有壞，有頹喪型，有樂觀型，其中有虔誠的宗教信徒，也有反對宗教的激烈份子。又發現存在主義的思想，若納入正軌，確實有助吾人「認識自己」，亦有助吾人「充實自己」，對國家民族的意識亦將助益無窮。因爲絕大部份的存在主義者，都以發揚「仁愛」爲職志，都在指出人生的「矛盾」、「荒謬」、「痛苦」之後，指導人類走出「矛盾」、「荒謬」、「痛苦」，而走向「和諧」、「幸福」、「仁愛」。前年，兄弟應國科會及臺大之邀，回國在臺大講學，發現這裏給錯誤的存在主義學說所籠罩着，其中充滿了悲觀失望的灰色思想，充斥了瘋狂漫駡的暴亂主張；甚至，更有藉存在主義之名，來宣傳自己的反宗教情緒；更有甚者，藉存在主義來煽動青年，實行反政府、反制度的不健全思想。在這種情況之下，兄弟總覺得有責任加以澄清。

幾年來對中文本的存在主義書籍研究一番，又把一些在我國能買到的英文本存在主義作品細讀過之後，與自己在歐洲時所接觸到的原文意義，互相比較之下，才曉得誤會發生之可能來源。

兄弟以爲，我國對存在主義的誤解，出於二種不良的傾向：

第一個傾向是：不管自己是否懂得存在主義書籍的原文，也不管英文或日文的翻譯是否信實(註一)，儘量寫書。在這方面，大部份的中文「存在主義」書籍，根本就不以原作者的理論爲基礎，甚至有意斷章取義，打着「存在主義」的招牌，而實際上宣揚自己不健康的思想，以「羣衆心理」的手段，一方面破壞學術，一方面毒害青年。

其中最主要的，也和我國目前學術工作並非沒有關連的，就是學者自身的「自欺」「欺人」；「自欺」祇是由於自己能力有限，無法懂得存在主義原作，而假借二手資料，受別人的欺騙。作爲一個教育工作者，這點本來屬於不可原諒的；但在目前，教育還在發展中，學者沒有惡意的「欺人」就算不錯了。至於後者的「欺人」，則屬不可原宥，中譯本中幾乎充斥了這種學術歪風。

第二個傾向是：與第一個傾向休戚相關的，是存在思想家的有神無神之爭，存在主義的這種分法，源自沙特，原本無可厚非；但是，若以存在主義爲傀儡，來反對或者來衞護宗教，都不能客觀地研究存在主義，反宗教的人要說：看吧！哲學中最新的一派，唯一的存在主義者也說沒有神。(註二) 宗教的狂熱者就說：你看，存在哲學家也信神。(註三) 這末一來，以神的存在與否，以哲學家的信仰宗教與否，來界定存在主義的眞僞。其實，存在主義要討論的，是人的問題，不是神的問題，肯定神或否定神祇是存在哲學的出路，而不是存在主義的根本。

站在這兩種傾向之前，作爲一個哲學研究者，必須從根本着手，徹底淸查存在主義來龍去脈；一方面指出存在主義的眞象，另方面指正當代關於存在主義介紹的錯誤見解。

現在，我們就請分成五段，來討論本文的標題：一、何謂存在主義；二、存在主義的歷史演變；三、存在主義的內容分類；四、發展中的存在主義；五、存在主義在我國所遭受的誤會。

一、何謂存在主義

「存在主義」源自西洋哲學中的一派，洋文稱 Existentialisme（法文） Existentialismus（拉丁文、德文），Existentialism（英文），顧名思義，「存在主義」是討論「存在」的學問，相信「存在」的主義。「存在主義」一名，無論在文學上，或在哲學上，都不會引起什麼誤解，更沒有什麼曖昧的地方，困難問題的發生在於對「存在」概念的認知；「存在」究竟是什麼？如果我們不先設法解答這問題，根本就無法談「存在主義」。

「存在」一名原出現於西洋早期典籍中，最先由希臘哲學家帕米尼德斯（紀元前五四〇——四七〇年）所運用，其意義祇是指出「思想界的一切」，排除感官世界的東西。這種思想後來被柏拉圖（紀元前四二七——三四七年）所採用，以爲觀念才是眞正的「存在」。柏拉圖弟子亞里士多德（紀元前三八四——三二二年）開始，才一反傳統的看法，以爲感官世界的事物也確實存在。從亞氏開始，「存在」是指所有的事物，舉凡看得見的，看不見的，在此世的，在彼岸的，都被這「存在」概念包括進去了。傳統哲學中的形上學和本體論，就是專門討論這「存在」概念的。

這末一來，「存在主義」不就成了「形上學主義」？

其實不然，「存在」這一概念，在十九世紀前半期中，由一位丹麥學者首先賦予一種嶄新的意義。這位丹麥學者就是存在主義始祖祁克果（Sören Kierkegaard 1813-1855）。他把「存在」概念局限於「個人」的存在；他認爲眞正的人生、有意義的人生，祇能完成於信仰之中，而這種信仰則在於「個人自己」的抉擇，眞正的人祇能是「個別的人」（註四）。

原來，西方哲學思想原有二條不同的系統留傳下來：一條是經由伊利亞學派，經柏拉圖，一直到黑格爾的抽象體系；另一條是經由畢達哥拉斯，經奧古斯丁，再到德國神秘主義的一條具體體系。前者用思想界定存在，用理想代替現實；而後者則指具體的生命，注重個人的內心感受。但是，在事實上，前一派的影響遠超過第二派；因而，西方思想體系從希臘起，就多由抽象和理想所把持。

自從祁克果把「存在」局限於「個人的存在」時起，存在主義就開始萌芽；把「存在」的範圍局限了，當然就與傳統哲學的各種抽象概念不合，但是，「個人」的問題，卻因此得到了闡明。

這「個人的存在」，由於不再是抽象的，不再是學理上的，而已經變成「具體的個人」。這「具體的個人」當然是指的有血有肉的人，有理知也有情感的人；而且，更重要的，是「當時」、「當地」（或曰「此時」、「此地」）的「個人」。

祁克果的「當時」就是工業社會開始，一切都在集體化，而「個人」被遺忘的時日；他的「當地」是北歐制度化，工業制度化，尤其宗教制度化的地方。這種時地的合併，在祁克果的體驗中，是喪失個人的緣由。因而提出拯救世界必需首先拯救個人的呼聲。

祁克果的時地觀察，祇不過是存在主義思想的萌芽，後來的世界，經過二次大戰的歐洲，對人類精神文化的迫害，以及剝奪個人生命財產的事實，尤其違反人類自由的種種侵略行徑，在在都顯示出：個人生存在世界上的命運；這「命運」的感受和闡釋，就由後起的存在主義來擔當。

站在這個時地下所發展的存在主義，對「個人存在」的闡釋，分爲二大陣營：一面有存在主義哲學家；另一面有存在主義文學家。前者站在理論的立場，闡釋人生存在的事實和意義；後者則用情緒的表現，用小說和戲劇描寫出存在的種種。

無論存在主義哲學家，或是存在主義文學家，對「個人存在」的感受和出發點，開始時都不免帶有悲天憫人的情感；那是因爲人與人之間，二次世界大戰的事實。在戰爭的摧殘中，一切都被否定掉。理論中的人生價值，宗教中的仁愛概念，學說中的人性尊嚴，在砲火的襲擊下都成了疑問，甚至，都遭到殘酷的否定。存在主義者都會說：「我無法領略抽象，我祇知道個人」，以及「黑格爾建造了體系的輝煌大厦，自己卻仍然住在貧乏的工寮之中」，還有「我不愛上帝，我祇愛人類」。在這些感嘆的語句背後，隱藏着對傳統信念的懷疑和否定。「存在主義」的作品，就是要寫出這些「個人」的感受，「個人」在世上的悲觀和絕望，又如何經過奮鬪和努力，給人生開展一條希望之路。於是，許多哲學中的老概念，又派上了用場，像矛盾、荒謬、不安、怕懼、作嘔、仁愛、互助、交往、超越等等；其中有消極頹廢的，也有積極建設的。

本文的講解方向，首先要評述「存在主義」歷史的發展，如何在抽象的概念中，把具體的個人拯救出來；然後就在「個人」闡釋下，以存在主義學者思想進展的階段，來加以分類；從悲觀和頹喪，走向希望；從「人人出賣人人」，走向仁愛。最後，指出這種思想潮流，在歐洲的發展現狀。並且，特別指出，這種原來純屬西方的思想型態，如何在東方傳播，又如何受到誤會。

二、存在主義的歷史演變

「存在主義發源在丹麥，發展在德國，波及到法國，誤會產生在美洲和亞洲。」（註五）

在哲學思考的發展史中，從柏拉圖開始，就特別注重知識論中共相、普遍、抽象的概念，把具體的世界放進超越的理念之中；思想吃掉了存在，化解了存在。西方哲學後來的發展，像法哲馬里旦所說的：「二千多年來，西方哲學都不過是柏拉圖哲學的註解。」這末一來，人類在思想的過程中，漸漸以思想來代替存在，以理想來代替現實，以主觀來代替客觀；而且，不自覺地走進唯心論之中。

唯心論的哲學，往好處想，就發展了人類的崇高理想；往壞處看的話，就沒有注意到現實的各種條件。唯心論發展到德國觀念論時，更變本加厲，幾乎忘掉了一切現實與具體；到了黑格爾，一切都用「正、反、合」的辯證法則去衡量，把立體的人生化作平面來討論，把多采多姿的人生看成了單調的法則。總括一句：在觀念論的心目中，具體的人生體驗被抽象的法則所取代了。

十九世紀前半期的西方思潮，就在唯心主義的觀念論獨霸中，過份強調了理性，而忽略了具體個人的感情因素。祁克東就在這種思潮中，出來呼籲，設法以具體的生命來代替抽象的思想，以自身的親身體驗來代替抽象的法則，以哲學中的唯實來代替哲學中的唯心。

這些以祁克果爲首的唯實論者，都曾親身體驗到，完美的理論不能代替實際的人生；於是，他們寧願接受人世間的現實，接受人間的痛苦，正視人間的荒謬；然後，再在現實中去建構理想，期望通過現實走向理想，通過痛苦走向快樂，通過荒謬走向仁愛。也就是說，存在主義學者的出發點是現實的，但是，他們對人生的寄望卻有着崇高的理想。

現在，就請分別指出存在主義發展的情形：

一、存在主義發源在丹麥

丹麥的一位牧師的兒子祁克果，在十九世紀上半期，寫了許多日記；與馬克斯一般（幾乎也與馬克斯同時），非常反對抽象的，不合實際的理想，尤其反對黑格爾式的辯證。但是，祁氏與馬氏有一根本相異處，就是前者着重個人的修養，而後者主張集體的鬪爭。

祁克果的思想一方面來自他對宗教信仰的虔誠，另一方面來自他的家庭生活背景。祁氏當時很不滿意丹麥宗教的制度化；在宗教修養中，他直覺到制度淹沒了虔誠，形式淹沒了內容，外表淹沒了內心。他以爲，「個人」才是教會救援的對象，而不是集體；他以爲，宗教信仰應當不拘泥於形式，而應着重內心；個人與上帝間的兩心直接聯繫才是宗教的眞精神。因此，祁氏提出了「個人」才是「存在」，這種個人的存在也才是人生所應關心的對象。

祁克果既以基督徒的身份出現，更以基督教信仰爲其對「個人」的闡釋，因而在舊約中找到一個「個人存在」的模範；那便是亞巴郎。後者對上帝命令的最終抉擇，準備執行殺死獨子以祭祀上帝，這行爲顯然已把普遍的道德律擱置在一旁，而以「個人」的資格，直接和上帝發生關係。祁克果稱讚亞巴郎說：「他以個人的資格超越了普遍性和集體性。」又說：「個人對上帝的義務在信仰生活中是絕對；這時，倫理道德就被降到相對的地位。但是，這並不是說，道德律被取消了，而是代之以一種完全不同的表現形式。」（註六）

亞巴郎的「個人」表現，使祁克果發現了「個人選擇自己」的原理。每個人來到世界上，都是以「單獨的」「個人」出現，雖然在集體中出生、生活、死亡，但是，決定自己一生的，決定自己要成爲怎樣的一個「個人」的，還是由於自己；人生在這個世界上的事雖是被命定了的，但是，每個人的生命內容卻是自己所加進去，別人幫不上忙。這就是「存在先於本質」學說的先聲。「存在先於本質」的意義是：我們生來等於空白的容器，等於是命定的；可是，我們究竟要成爲怎樣的一個人，那是說，我們的生命意義和生命的內容，卻操在我們手中；我們的存在是命定的，我們的本質卻是自由的。

正因爲「個人」的存在一方面是命定，另一方面又是自由，這就顯出每個人生活在世上，自己內心感到不協調，感到荒謬的理由。個人在這種矛盾的感受中，一方面要本着天賦去追求理想，但另一方面又要兼顧現實；就在理想和現實之中，過着內心不安和憂懼的生活；也就在各種特殊情況中，顯得猶疑不決，對自己的未來感到掛念，感到恐怖，對自己的存在感到空虛。

因了命定的反省，使祁克果覺到自己的身世異常淒涼，因了父親的罪惡，使他覺得自己有雙重的原罪，覺到自己是個「例外」，以爲自己將會下地獄，甚至全家都已經遭遇了上帝的懲罰。（註七）

祁克果有了這種「孤獨」的感受，「例外」的感受之後，希望以人世間的友情和愛情去拯救，於是把自己內心的情緒向未婚妻雷其娜投訴；但是，當年雷氏才十七歲，無法分擔未婚夫早熟的心靈悲痛。祁克果於是再次肯定「個人」的獨立性，因爲連未婚妻都無法分擔自己內心的憂悶。在祁氏與雷氏解除婚約之後，祁氏抱着追求解脫的心情，想在哲學上尋求出路，於是離家出走，到柏林大學。不幸在那裏聽了謝林的課，以輝煌的觀念論體系，當然無法解決祁氏內心的矛盾。於是，祁克果仍然回到內心，在自己的情緒深處找尋出路。最後，才發現唯有內心與上帝的交往，才是獲得自己存在本質的唯一道路；祁氏此後就專心著述，闡明信仰才是獲得內心平安的途徑。

祁克果的思想進程，也恰好是他的著作進程，在他的著作進程中，我們很容易看出顯明的三階段。第一階段是「感性作品」，在這些作品中，祁氏闡述一般人對人生的看法，也就是那些只顧眼前享受的人，以爲「今朝有酒今朝醉」，才是人生的眞正意義的人；顯然的，陷在感性生活中人，終有一天會感到心中的空虛、矛盾、荒謬，而無法以俗世的榮華富貴去塡補。「個人」如果生活在「感性生活」中，因了其存在的基礎是這個世界，故無法解脫憂懼和荒謬，無法獲得眞正的本質。

比第一階段稍高一級的，是倫理道德的作品；祁克果以婚姻的愛來表示，以爲「愛的眞實性與永恆性祇在道德生活中才能找到。」當然，在道德生活之中的人，其本質的選擇就高於感性的人，因爲此時，「個人」已解脫物質世界的束縛，而以「人與人」之間的人際關係，來衡量人生的意義。

但是，祁克果由於在戀愛中的失敗，以爲倫理道德的層面仍然不是他個人的理想，而設法從人際關係跳躍到「人神之間」的關係上；以爲唯有宗教信仰才是人生的最終歸宿，也才是個人獲得本質充實的保證。在這第三級的存在階層中，倫理道德可以被昇華，用胡塞爾現象學方法，放入括弧，存而不論。一個有信仰的人，唯有將自己絕對交付在上帝手中，內心向上帝開放，以無限的內容和本質，來充實自己有限的存在。

祁克果就是爲了這種存在三級的劃分，非常後悔自己曾經有一次酒醉中，受人勾引而嫖妓，落入感情生活的層面；並且由於家庭的沒落，而患得患失過。更進一步，祁氏並且因了信仰的緣故，放棄了婚姻生活，毅然決然選擇了自己的生活方式。

存在主義始祖所指出的哲學道途是：認淸「個人」自己的矛盾、失敗、荒謬，然後以宗教信仰的方式解脫自己，走向合一、和諧、幸福之境；其間經過的，是自由的抉擇，因而，自由抉擇是存在主義的唯一途徑，也是存在主義獲得本質的唯一方法。

這途徑和方法，由祁克果界定之後，就成了正統存在主義的尺度；無論一個存在主義者目前的境界多末低，但總是在向着解脫自己的方向進行；不停留在原地不動。

二、存在主義發展在德國

丹麥祁克果的思想，由於社會制度以及人心準備不足的關係，被擱置了半個世紀。「個人的抉擇」想法，一直要等到二十世紀初年，才由丹麥文翻譯成德文，「存在」概念才漸漸由德國思想家所注意。

最先引用「存在」一辭，而且連以「哲學」概念的，是德國的一位醫生，心理學家，同時又是自身患有小兒痲痺症的雅士培（Karl Jaspers 1883-1969）。他在一九一九年，出版了他的「宇宙觀心理學」，把祁克果日記中所強調的「存在」概念，冠在「哲學」之上，成爲「存在哲學」（Existenz-Philosophie）。「存在主義」的思想，因了雅士培的努力耕耘，才眞正走入哲學園地之中；也卽是說，祁克果所發明的「存在」概念以及各種有關個人存在的見解，經過雅士培哲學理論之後，才正式變成「存在主義」。

雅士培從小就患有小兒痲痺症，從小就體驗到自己在所有玩件中是「例外」，自然而然亦覺到「孤獨」；對人生的體驗，他和祁克果一樣，屬於早熟的。但是，雅氏的這種例外和孤獨的感受，不但沒有使他絕望，反而使他從小就立下大志，長大後要做個醫生，醫治所有患小兒痲痺的患者，他在幼小的心靈中，就體會出：「苦悶可能是絕望的邊緣，也可能是新生的開始。」於是，在高中畢業後就入醫學院。醫科畢業後，開始和患病接觸時，又發現另一事實，卽是：病人——尤其是小兒痲痺的患者，最重要的治療固在用藥，但心理的條件也同樣重要。雅氏因而又轉習心理學，後來竟成了有名的心理治療醫師，幫助了無數的病人。但是，就在他行醫生涯中，發現自己的心志是要幫忙更多的「例外」和「孤獨」的人；爲了使自己的想法不局限於醫院，於是盡力研究哲學，希望用哲學的方法，徹底闡明人生的奧秘，尤其指出人類實現自己存在中，應如何在絕望中找尋希望，如何與困難搏鬪，戰勝自己，幫助他人。

雅士培是西方第一位用哲學體系，來解釋「存在」卽爲「個人的存在」的哲學家；因此，眞正的存在主義也就從他開始，而且他出版「宇宙觀心理學」的一九一九年開始。(註八) 一九三〇年，雅氏完成了一本「我們時代的精神情況」，其中就奠定了「存在哲學」的意義，他說：

「存在哲學是一種思想方式，藉着這種思想方式，一個人追求能成爲自己。這種思想方式利用各種特殊知識，但同時又超越這些特殊知識。這種思想方式並不是對事物的知識，而且要闡明思維者自知的存有，並要實現這種存有。」(註九)

在這種界定下，雅士培的存在哲學所關心的是，一個人如何能成爲自己，這點與祁克果的意見相同，關心如何在人的命定的存在上，加上自由的本質。同時，雅氏還指出了這種個人存有獲得的途徑；先是闡明存在，繼之以實現存在；卽是用「闡明存在」來指出存在的意義，尤其要指出生命的意義；由於雅士培年幼時「孤獨」的體驗，覺得人與人之間的「交往」才是人生該關心的事；存在的意義就在於「把自己願意別人對我怎末做，自己也照樣去服務別人」。於是，就走進了「實現存在」的領域；就用實現存在的方式，來實現人生在這個世界上的目的。

(1)闡明存在：闡明存在要用「交往」(Kommunikation)，這交往分成三方面去進行：人與世界的交往，人與人之間之交往，人與神之間的交往。

人與世界的交往是認識和征服，但是，就在我們要認識世界時，我們的認知能力總是遇上極限。世界如同密碼，我們對世界事物的認知，祇好如對密碼一般，去猜。在我們的日常生活中，有時猜對了，亦有時猜錯了，猜錯時可以再猜；猜對了仍然可以再猜。人生就在這種「對」「錯」的範圍內走來走去。

人的存在，就是在與世界的交往中的「極限」；在這極限中，人總是設法超越過去。但是，有的極限卻無法超越；極限中的情況亦無法改變，就如死亡、痛苦等等。故雅士培說：「我必須受苦，必須死亡；但也必須奮鬥。」(註一〇)個人生存在世界上，就必須與世界交往，同時也就必須接受各種極限情況。

就在個人遇上極限情況時，痛苦的威脅，死亡的恐懼，都會使人感到絕望。就在絕望感來襲擊時，個人就必須超越自己，必須抉擇，選擇自己繼續存在的勇氣。個人也就在這種決定性的抉擇中，選擇了自己的本質，從存在跳躍到了存有的領域。個人唯有在抉擇時，才與「虛無」相對，才算完成了個人的眞實性。這時，世界的存在祇變成了一種幻滅，已被人意志所征服。

在雅士培哲學中，人對世界的交往就在於：征服世界，並利用世界的極限情況，認識自己，完成自己的本質；雖然在與各種極限相遇時，會覺得沮喪，但是，終能以持久之心，預覺出眞正的存有。

人與人之間的交往，就說明人際間關係的多元性。世界的密碼不容易猜，人的密碼就更神秘了；因爲人同時是命定的，同時又是自由的；命定在他的存在，自由在他的本質。人與人間的交往，就不再可能用「主客關係」來處理，而應該用「精神整體」感來看人際。個人祇是小我，祇是大我的一部份；個人的完成，意味着走向人際間關係的完滿。在這裏，雅士培不同意祁克果的想法，後者以爲人與人之間無法交往；而雅氏則以爲，爲了完成人性，人際間的關係是必須的。

最後，提到人與神之間的關係，人神之間其實就是一種心靈的超越，就是人類在現實中遭遇了失敗之後，必然走向的一種存在領域，是每個個人理想的高峯。雅士培以生物都向着光，來譬喻人的心靈都向着超越。人類存在的天性就向着超越，同時，其自由又可選擇超越，如此，就在命定和自由對立的情況下，個人的抉擇自存在走向了本質。

闡明存在雖然主要的經由自身與世界、與別人、與神的交往，但是，世界上歷史中的人物也可以使我們明瞭存在的眞義。在雅士培的解釋下，眞理是多方面的，它透過多采多姿的歷史形態與人類交往，因此，雅氏在一九五七年發表了「偉大哲學家」一書，推舉了中西方的大哲，像蘇格拉底、釋迦牟尼、孔子、柏拉圖、康德、老子等。（註一一）

(2)在闡明存在之後，就是第二步的「實現存在」工作。在實現存在過程中，人與世界的關係，可以是征服，可以用自然科學來打破自然的密碼；自然科學就是人類用來與世界交往的工具，在自然科學中，個人曉得自己是世界的主人，自己可以役用世界；但是，自己的存在卻因有了超越的天性，而不屬於世界。在世界上生活，並且本身是世界的一份子，可是，卻不屬於世界，尤其不屬於物質，就在與世界的交往中，雅士培已經指出個人精神生活的基礎，以及其眞義。

對世界可以用征服，但是，對人類卻要用仁愛，所用的方法不再是自然科學，而是用哲學方法所引用的倫理法則和道德原則。(註一二) 然後，回過頭去，用道德原則去征服世界。

對神的關係也就是對超越的關係，雅士培追隨了祁克果的思想，以爲無法透過理論，而祇能通過信仰，走向神。在這裏，雅氏把一切超乎世界之上的東西都稱爲神，而且覺得凡是人在極限情況中的抉擇對象，必然與神有關。(註一三) 這末一來，無論是闡明存在也好，實現存在也好，到最後仍然從「個人」出發，仍然要個人「回歸內心」；在內心的深處作抉擇，尤其在極限情況中爲自己的本質作抉擇。

交往與超越是雅士培存在哲學的重心，而其所用的方法則是內心的抉擇。

雅士培用自己在心理學上和醫學上的成就，來闡明和實現存在，在德國還有另一位存在主義哲學家，用整體哲學史的演變，尤其用本體論的方式，來探討個人存在的根本意義。他就是存在主義哲學中最深奧的海德格 (Martin Heidegger 1889-1976)。

海德格的哲學淵源是胡塞爾的現象學；後者把一切事物存在的法則歸諸於內心的意識；從意識出發，一步步建構存在的層次。(註一四) 海氏在其代表作「存在與時間」(Sein und Zeit) 中，以爲前人太過用理性去探討存有的問題，而事實上的形上學卻把存有遺忘了；因而他在雅士培的闡明存在之前，再加上一件歷史的事實，那就是「存有遺忘」；而把存有遺忘的原因看成：不從個人着手去探討本體，而從理性的概念去把握形上。因此，海氏哲學的出發點是：以個人存在的體驗去瞭解存有。因此，他所致力的，也就在「闡明存在」的階段。

在闡明個人的存在中，海氏發現，人是被拋棄到世上的一種具體存在物，沒有人徵求你的意見，人就被命定來到此世，而且是屬於已命定的國家民族。因此，個人的存在，最先能界定的是：「在世存有」(In-der-Welt-Sein)。

但是，個人在被拋棄到世界上來之後，並不是孤獨的，他有家庭，有種族，有社會；人在世間的生存，除了在世存有之外，還有另外一種因素，那就是「共同存有」(Mit-Sein)。

「在世存有」界定了人的命運，個人對自己存在於世間的事實無可奈何，但是，個人卻可以藉着時間的變化，而設法統治世界，在自身體驗到的極限中，設法超越自己，超越世界。「在世存有」中，最能表現出自身的超越的，莫過於「共同存有」的體認。「共同存有」指出了人際關係的密切性；人與人之間可相互鼓勵，共同把遺忘的本質掙回來。

可是，就在與世界以及與別人交往中，仍然沒有喪失個人的孤獨性；個人在單獨相處時，常在發覺自身的自由，猶如在神話世界的朦朧中，顯出愛心和掛慮，不曉得應該如何去利用自由，更不知道自己將來的命運。但是，在個人探討自身的存在時，卻能瞭解自身的命運，全操在自己手中，因而更覺得責任重大，掛慮也因而更加深了。一方面掛慮，他方面又要肯定自己的存在，於是，就在探討自己的存在時，常常感到矛盾和荒謬，更進一步，會在這種感受中，直接感受到「空無」。

這種空無感是個人與自己的極限相遇，在這極限中，個人可能會走向毀滅，但是，也可能會走向新生。「空無」的相對是「存有」，人唯有在空無中才會覺得存有的可貴。海氏強調，一個人會因由掛念所揭示的空無，和存有開始接觸。（註一五）

在「形上學導論」一書中，一開始就三番四次地提出：爲何存有而不更是空無？（註一六）空無與存有之間原有一條通路，這通路就由人的存在去開拓。

可是，正因爲個人會在極端的存有和空無中，抉擇自己的本質，也因爲個人會在抉擇中，失去自己的信心；因而，世界上每一個古老的民族，都有一種逃避責任的相同方式，表現於文字時就是：「人家」。人們常常在推卸責任時會說：「人家都這樣作！」或是「人家都這末說！」於是，把自己的言語行爲，以別人的言行來做準則；自己對自己不再負責，自己再也不爲自己抉擇任何事。在任何一種極限情況中，「人家」永遠是檔箭牌；人家的言行，成了我的言行準則。於是，個人在這種思考之下，失去了自己本身的存在基礎，而以別人的本質來加於自身的存在。這末一來，自己就不再是自己，心靈迷失了！

要補救這種逃避責任的情況，海氏提出「死亡」概念，以爲死亡不是人性外來的因素，而是人生的一環；若要完成生命，就要把死亡因素算在內。在對「死亡」體驗中，我們總不能說：「人家死」，而應改爲「我死」。如此面對死亡時，個人才曉得盡責任，也才曉得自己生存的意義。也唯有看清了自身生存的意義，才能從存在走向存有。

海德格的哲學企圖從倫理學關於「責任」的探討，走向本體論；即從個人存在的實際情況，走向人生存在的根基——存有本身。

因此，海氏最先關心的，還是吾人內心的「誠」，從這「誠」出發，才能消去內在的掛慮和不安，才能壓制住空無感；消除空無感之後，存在的意義就會明朗化，個人也就能靠抉擇，去完成自己生存的意義。（註一七）

這末一來，海德格哲學雖然在本體論，但是，其方法過程則是倫理學的；其哲學中所關心的，仍然是人生的各種現象；其著作中所分析的對象，仍然是人類存在的最深層的憂慮、掛心、荒謬等情感因素。

不過，海德格沒有死在這些概念中，他要用「責任」去消除這些情感的因素。

三、存在主義波及到法國

存在主義自從丹麥的祁克果最先萌芽以來，受到德國哲學的感染，發展了「存在哲學」。存在哲學雖然在研究對象上指向「個人」，指向「具體」的人生體驗，但是，畢竟離不開德國觀念論的色彩，用純理的分析遠比用事實的歸類多的多。這種理論化的實際當然非常適應於德國民族；但是，存在哲學的思想傳到法國之後，這種純理的「具體分析」已經不足以使「人文主義」的法國民衆所接受。於是，「存在主義」再度演變到更具體，更直接表達「個人感受」的方式中。這種方式就是從「哲學」走向了「戲劇」，從「論著」走向了「小說」；感情的成份多於理性的成份。

把「存在」以及「存在哲學」戲劇化和小說化的，有兩位思想家，一位是馬色爾，另一位是沙特。

馬色爾（Gabriel Marcel 1889-1973）與海德格同年，也與海氏同一年發表自己的代表作。(註一八)

馬氏的思想在於指出個人存在的「是」，而不是「有」；與祁克果同樣的方式，把自身的感受寫在日記中。由於個人的存在是「是」，而不是「有」；因而，人生在世上，對於存在本身的研究，當以「演員」的方式，把自己也包括進去；而不是以「觀衆」的方式，可以袖手旁觀。我「是」我的存在，而不是「佔有」存在。就因爲當局者迷的理由，個人對自身的存在，總無法透視，總覺得存在是一個奧秘；這奧秘必須經由體驗才可獲得，而無法去理解。

第一 馬色爾作品中所顯示的，都要在日常生活的感受中發表出來。他的感受，可以從兩方面去瞭解：這也就是馬氏的體驗方法：一是訂約（l'angagement），一是信實（la fidelité）。訂約的意義在於：人與神之間，人與人之間，以及人與自己之間的隔離，是當代文明的事實；甚至，更進一步，人人出賣人人。就在這種人生的體驗下，馬氏提出訂約的補救方案。馬氏用胡塞爾現象學中的主體際性（Inter-subjektivität），以及雅士培的交往（Kommunikation）來設法消除這隔離的事實，甚至更進一步，進入以仁愛代替出賣，以訂約代替隔離。個人與神的訂約，是西方文化的一部份（雖然舊約的誕生源自希伯萊），馬氏祇需要強調宗教情操卽可。至於人與人之間的訂約，則是社會生活的必需條件。馬氏以爲，人類生活的目標總是向着未來，而未來的行爲總是靠現在的「希望」概念；訂約就是使自己現在就嚮往將來，現在就打算將來的事。在這裏，海德格的「預現將來」的意義再次出現。最後是人與自己訂約，這是倫理與宗教一向強調的事。個人設法了解自己，設法使自己有所抉擇，而同時亦希望這抉擇能終身不渝。就在這種「對未來」的嚮往中，個人就墜入憂懼和不安之中。這種不安的情緒，個人就再也無法用「佔有」方式去解消它。馬氏指出唯一的方法是：個人內心自己尋求答案。這答案就在於「訂約」的最終依據。「訂約」的對象是「你」，我和你訂約；這種外在的社會生活引進到內心來時，就是內心中找那個「絕對的你」，希望他能把內在的不安和憂懼去除。（註一九）

與內心的絕對你訂約是馬色爾對實現存在所提出的方法。

然而，訂約祇是開始，祇是一種許諾；要兌現這許諾的還是「信實」。（註二〇）

既然馬色爾在「訂約」的探討中看清了，內心所找到的「絕對你」才是吾人實現存在的中心，那末，其「信實」的指標也就放在「對自己」的層面上。

馬氏在探討隔離的原因時，覺察出自己與自己的隔離才是構成人生矛盾和荒謬的主因；而隔離的因素除了對世界的「佔有欲」之外，就是對自己的「自欺」。人類把對世界的關係轉變爲對人的關係時，就是想佔有別人；佔有別人意味着自私，而自私的必然結果就是自欺。（註二一）

自欺可以是，用抽象的思考法則，把日常生活中的痛苦和荒謬，想成眞善美的事物，來陶醉自己；或是在必須關心自己的未來時，用一種「對象化」的方式，把自己看成對象，看成觀衆，而把自己的事當作知識論所探求的客體，與自己生存無關。要不然，就是以一種自我犧牲的方式，去求取另外一種唯有自己知道的價值，而盜名於此世。

對付自欺的唯一法門就是信實，信實就是忠於自己。「忠於對自己的約定，就是忠於自己。」（註二二）信實就是個人在內心找到絕對你的途徑，也是回歸存有的唯一通路，忠於自己就是面對自己存在的事實，反之就是謊言，就是自欺。

馬色爾的哲學是一種希望的哲學，寄望於自己的諾言能夠實現；這種寄望是個人人生的感受，也是人根本經驗之一。希望的反面是絕望；希望的結果常是永生，而絕望的結果則導致自殺。

就在「希望」概念的引伸中，馬色爾指出了人的存在等於旅途之人，以爲人生來就是要通過訂約和信實，帶着希望，心懷絕對你，走向永恆的旅途之人。世界不是我們的本家，在世的一切都是那永恆奧秘的影像；就在捕捉這幻影中，個人可以走向絕對你，而完成自己的存在；但是，也可以被圍在自欺之中，不能自拔；把這個世界當作是人生的最終歸宿。

在「旅途之人」的概念背後，反影出馬色爾的虔誠宗教生活；其實，馬氏由於年幼時，家庭中反宗教氣息太濃厚，使他長大後，用存在哲學的方法，找到自己內心的歸宿——宗教信仰。

馬色爾是法國有神的存在主義者。

在法國，同樣以戲劇、小說來表出個人存在的，是沙特（Jean-Paul Sartre 1905-）。但是，由於沙特的家庭背景對宗教信仰過份虔誠，因而使他日後成爲極端的無神論者。

沙特曾留學德國，先後從過胡塞爾及海德格爲師，他的哲學著作「存有與空無」（L'être et le Néant），其中大部份的思想來自海氏學說；尤其是學說重心的「空無感」，更是來自海氏的「空無」概念。

沙特學說，起源於人意識的分析（現象學方法），以爲人的存在本來是「物在自己」，是完美的，是無瑕的；但是，由於人有了意識，而且運用了意識，於是「物在自己」變成了「物爲自己」；一切意識的產生，都在肯定「自我」和「非我」的對立。「物在自己」的完美，畢竟因了「物爲自己」的意識作用而消失。因此，個人的一切努力，就因爲他努力，所以才變成了空無；意識越高深，努力越多，空無也更加強，存有就更消逝。沙特用了一個譬喻，說明「空無感」的過程：我要到酒店裏去找彼得；彼得因此是我找尋的對象，是我意識的焦點；在這焦點以外的酒店，以及酒店的一切環境，我都不放在眼裏，它們在我的意識中，是空無。這是第一度的空無。後來，我在酒店中找不到彼得，於是，我的意識中興起了空無感；彼得的不在，使得我的意識失去了重心，失去了焦點，原來的一片希望變成了泡影。但是，事情尚未了，彼得的無，造成了剛才酒店的無的加深，我心中的空無感，使酒店以及酒店的環境，變成了第二度的空無。(註二三)這種對空無感的說法，沙特用來解釋個人存在，以為空無會使人與本質隔離，使人無法獲得本質。

空無使人無法獲得本質已夠使人不安了，還有更不幸的命運在等着人哩！那就是：人是絕對自由的，甚至被判罪為自由。個人無法拒絕意識的作用，無法不用物為自己去摧毀物在自己；卽是說，人類無法不走向毀滅。這就是沙特以為的，人生是荒謬的，無意義的。

這種荒謬的感受就是我的生命中愁慮之因，也是我感到恐懼之因；甚至，我們本身就是荒謬，就是愁慮。越覺得自己是自由的，愁慮就更大；因為越自由，就越毀滅；可是越要毀滅，就越覺到自己的自由。

這末一來，人類存在的因素當中，就有「有」和「無」的因素在內，人生的荒謬：也就在於在全有和全無之間作抉擇。因此，人是被註定了要走向毀滅之途的，一切的努力都將成為白費，不但白費，而且加速自己的滅亡。

海德格和雅士培都以爲個人能夠把握住時間，而在設計未來時，把自身的死亡也包括進去，成爲對人性整體的探求。沙特在此，也用心理分析的方法，把虛無的概念編進去；以爲個人縱使在時間上有走向存有的可能性，但是這可能性本身，卻被時間所呑沒；人性在此更顯得荒謬。

沙特一如傳統，把時間分成現在、過去和將來。爲他來說，現在的概念就是爲己，每一個人在想到現在時，必然在爲自己計劃什麼，至少是意識到自己的存在，以及自己正在計劃；這種意識的產生，就足夠使存有變成空無了。

這種「現在」的「空無」引伸，就使沙特更加強調存在的空無性。他指出：現在的空無向將來設計空無，而且還要使過去變成空無。

對於過去，已經是過去了，沙特以爲那已經變成了空無。因此，西方傳統中靈魂不死一說，對沙特沒有一點意義；人死了，一切都完了，祇靠活人留給他們一點記憶。

至於將來，因爲它靠意識的設計而存，根本就在計劃空無，而且，將來的存在根本無法掌握住，一方面我們的自由會侵蝕它，另一方面它也是意識的產物。

時間不但保不住個人存在，而且還在輸入空無，生在時間中的個人，因而常感到矛盾、荒謬，想起自己存在的問題時就會作嘔。（註二四）

沙特既以爲人生從各方面看，都是矛盾的、荒謬的，因而極力反對那些以爲人生有意義、有目的的人；因而先後與卡謬、梅落盆底、海德格等決裂，終以「反抗」「批評」「漫罵」爲能事，結果加入了共產黨，用鬪爭來解決沒有意義的人生。（註二五）他方面他又覺察出宗教信仰不但肯定今生，而且肯定來世，因而對宗教不遺餘力地曲解和攻擊。

自從法國存在主義興起之後，起來效尤的，有許多作家，尤其是以小說爲主，都染上了濃厚的存在主義色彩，像奧國卡夫卡（Franz Kafka 1883–1924），阿爾及利亞的卡繆（Albert Camus 1913–1960），蘇俄逃亡出來的伯跌夫（Nicolai Berdijaiev 1874–1948）和柴士多夫（Leo Schestov 1866–1938）等等。他們都以具體的人生感受，來剖析存在的意義。

四、美洲和亞洲產生對存在主義的誤會

「存在主義」（Existentialisme）一名，源自沙特。沙特在一九四六年出版了「存在主義是一種人文主義」（註二六）。其中分存在主義爲兩種；一是有神的存在主義，一是無神的存在主義；而把馬色爾和雅士培看作是有神的存在主義，卻把沙特自己和海德格看成無神的存在主義。沙特的這本著作問世後，引起了德國存在哲學家的反對，首先起來發難的，是海德格；他在沙特發表該書的同年，就出版了一本「致人文主義的一封信」（Brief über den Humanismus），書中強調：沙特的哲學與自己的學說，毫無相同處；原因是海氏否定自己是無神論者；他指出自己的哲學是「等待神的來臨」（Warten auf Gott）。繼海德格之後，雅士培也否認自己是存在主義者，原因是：沙特把存在主義看成爲一種人文主義，雅士培的哲學講超越，講交往，不局於「人與人」的關係，而能衝破人際，走向天際。

這末一來，既然海德格所用的概念，尤其是中心概念像掛慮、空無、存在、存有，都可在沙特中找到，此二位哲學家相通處就不在話下了？於是，第一種誤會就經由英語著作的傳播，走進了美洲，像Marjorie Grene，所著 Introduction to Existentialism, Chicago 1959（此書由何欣譯爲存在主義導論，仙人掌出版社，民五十八年。）就把沙特和海德格二人放在一起。James Collins，在所著 The Existentialists-A Critical Study, Gateway Edition, Chicago 1952 書中，就把沙特編在頁首，以他爲「典型的存在主義者」。甚至，連鼎鼎大名的哲學史家 Fredrich Copleston，在所著Contemporary Philosophy-Studies of Logical Positivism and Existentialism, Westminster 1956，也把沙特與海德格並稱，以爲屬於無神的存在主義。

基於以上英文著作的誤解（尚有許多，這裏不一一枚擧），致使亞洲——尤其日本和我國，既以英文爲參考資料，因而亦有了錯誤的瞭解。

這種顯然的誤解有兩種：

一種基於錯誤邏輯的推論：海德格和雅士格都否認自己是存在主義者了，唯有沙特才承認自己是存在主義者，那末，要談存在主義，就必須以沙特爲唯一的存在主義者；又因爲沙特是無神主義者，因而存在主義就是無神主義。（註二七）基於這種推論，我國存在主義的方向是向着沙特，向着無神，連沙特自已在所著「存在主義是一種人文主義」書中所提及的，存在主義原有有神與無神之分，都不加以理會了。

還有一點，就是沙特本人，在著作中已經提到「存在主義已經完結，已經是過時的文化形態，像一種肥皂的牌子」，而馬克思主義已成爲沙特的唯一哲學。（註二八）這末一來，沙特本人再也不是存在主義者，而已經是馬克思主義者，這項沙特自己承認的事實，也沒有得到理會。

另一種是針對目前青年人對前途的迷失和徬徨，盡量提出一些無病呻吟的話，來迎合羣衆。於是，很巧合地，專以宣傳起家的左派方法（沙特的左傾，不能不說與他的羣衆心理有關），就是各種矛盾、荒謬的口號。以爲能迎合大家的，才是眞正的存在主義，否則便非正統。至於存在主義原本要求每個人自己抉擇，不能受環境影響，否則便祇有命定的存在，而沒有自由的本質，這種存在主義的根本也置之不顧了。

當然，所有的存在主義者，都承認人生的矛盾，人生的荒謬，想到自身的命運時，也會憂傷嘆息，甚至也覺到空虛，感到迷失。但是，哲學的出發點和方法是不同的，哲學的出發點和終點更不可同日而語。除了沙特之外，世上有那一位稱得起是存在主義學者的，沒有走出荒謬的境地？又有那一位思想家，在發現自身荒謬時，不努力去求解脫？又有那一位存在主義學者不在自己解脫之後，「乘願再來」，「普渡衆生」？

基於這點，兄弟以爲存在主義的分類不當在「有神」與「無神」之間的問題上，而應該在他們對「個人存在」的各種看法上，尤其在對「人生意義」的肯定或否定上，作一分類。但是，這種分類又不可能是對立的，相互反對的，（以有神與無神的對立，如何一定要在存在主義的分類上？）而最好是在等級的差別。因爲每一個人，在反省自己內心時，總會發現自己的存在，至於對自身的存在瞭解多少，就要看用的工夫多深，以及能否解脫那些先入爲主的偏見。

就站在存在主義對「人生意義」的積極或消極的看法上，我們就能把已有的存在主義分成三種類型：一方面注意到他們的哲學意境，另方面着重他們學說的內容。

三、存在主義的內容分類

本來，存在主義始祖已經把存在三級劃分清楚，分成感性的、道德的、宗敎的。這三種等級是在祁克果心目中，實現存在的階梯，可以作後來存在主義的分類；但是，因爲後起的存在主義者，在學說上並不一定都追隨了祁氏；相反，有許多地方反對祁氏的看法。因而，若以所有存在主義者都承認的，都以爲是個人存在的眞象的，都承認爲最根本的，作起點，然後再在這共有的基礎之上，再慢慢增加其它因素，而分出等級來的話，似乎較合情合理。這種所有存在主義者都一致的是：人生是荒謬的。但是，問題就發生在：如何面對這「荒謬」的現實？是否就甘心死在荒謬中，對生命的意義絕望？抑或要努力奮鬪，盡量設法在悖理中找尋合理的解釋，在絕望中找尋希望？「對人類的命運悲觀，但對人類樂觀」？又在奮鬪之後的成果，是否算得上是獲得了內心的平安和自由？

因此，我們就把存在主義分成三種類型：第一是荒謬期（或曰絕望期），第二是徬徨期（或曰奮鬪期），第三是希望期（或曰自由期）：

我們就以荒謬期開始：

第一類：荒謬期

全體存在主義都經過了這道關口。祁克果：個人在社會中被吞沒了……工業社會中只有團體，沒有個人……個人就是孤獨，就是例外。雅士培：社會等於大齒輪，而個人祇是其中的一個齒，被釘死在大齒輪上，失去了自己的自由。海德格：個人在羣體中滾來滾去。馬色爾：人人出賣人人。沙特：空無、荒謬、作嘔。空無感是荒謬期的最大特徵，如同沙特說的，空無入侵了存在的領域，一切都被否定掉。

在荒謬的感受中，人的命運似乎就在於，追求永遠追求不到的東西。人生的基本問題是：人人都在追求幸福，但是，如果幸福根本就不存在，人生不就都成了荒謬的？在沙特的學說中，幸福根本就不存在，吾人的追求祇是物爲自己的一種畸形，走向空無，走向毀滅而已。與沙特相反的，也就是後來因了參加共產黨但立卽退出之故而決裂的卡繆，卻抱着不同的態度；卡繆也覺得幸福不是客觀地存在那兒，等我們去追求，等我們去享受，但是，這本來不存在的幸福，卻並不像沙特所認定的空虛，它有可能性，有存在的可能性；正因爲人人都在追求幸福，正因爲幸福不存在；沙特結論出人生的荒謬；卡繆也結論出人生的荒謬。所不同的是：沙特失望了，以爲人生從此便沒有意義；卡繆卻不同，他「對人類的命運悲觀，但對人類卻樂觀」，覺得吾人有責任去爲自己、爲別人創造幸福、謀求幸福。因此，卡繆說出了一句爲所有存在主義者都値得驕傲的話：「幸福不是一切，人還有責任」。就在這「責任」概念上，沙特固守自己在荒謬期中，不能自拔。

西方哲學史家 I. M. Bochenski 對沙特曾下過這樣的一句斷語：「沒有信心、沒有朋友、沒有目的的宇宙觀」。（註二九）

其實，究竟人生有無意義的問題，常是個人自己對未來的信念與對事物的看法：悲觀的人，看見任何一根繩子，都想上吊；樂觀的人，面對着死亡，也不害怕。

「如果說，祁克果代表存在主義所接觸的『眞』問題，海德格代表存在主義的『體系』理論，則沙特代表存在主義的『病』」。（註三〇）

沙特就是存在主義中荒謬期的典型代表。

第二類：徬徨期（或稱奮鬪期）

在發現人生的荒謬之後，難道眞的要學沙特，固執於失望之中？和卡繆的小說一般，海德格發展了責任哲學；對自己、對別人的責任。其實，海德格也曾把人的存在看成掛慮和不安，甚至，以爲人生來就想逃避責任；但是，他的道德哲學畢竟把人的這種劣根性指出，更提出「預現將來」的方法，使人在「共同存有」中感受到自己的責任。

在「責任」的探討中，海氏特別提出了「死亡」的學說；把這個祇能預測，卻無法體驗的東西，拉到生命中之一環；面對死亡時的眞與純，才是找回眞我的途徑。死亡是存在的終站，是存有的起點。但是，誰都沒有體驗過死亡，因而亦沒有人完全懂透自身的存在全稱是什麼，更沒有人知道存有的境界是什麼樣子；於是，掛慮和不安仍然懸在空中，雖然設法在「預現將來」中，把死亡想進體系裏，但是，畢竟不是體驗到的東西。在海德格的哲學中，本體論存有的問題，至今仍是懸案；他的代表作「存有與時間」自從一九二七年出了第一册之後，至今沒有第二册的問世。他的徬徨，可以看成存在主義既不肯死在荒謬中，但仍然沒有找到出路。

傳言海德格現在仍住在南德黑森林地帶福利堡的山區，世界各地慕名而來的學者很多，但是，無論誰來按門鈴，總會有位婦人出來開門，還未等你開口，就說：「請不要打擾我的丈夫，他在思想。」是的，這位思想最深的存在主義學者至今還在想，希望找出一條解脫荒謬之途。(註三二)

第三類：希望期（或稱自由期）

海德格設法在整體的人生中尋找人生的眞諦，把人從生到死的全部時間，拿來研究；畢竟無法獲得滿意的解答；他對形上學的問題憂心太多了。雅士培的方法就比較簡略，他提出「片刻等於時間加永恆」的公式，以爲人生的每一片段中，唯有在極端的極限情況的抉擇，才算把握住個人的存在意義，片刻的抉擇既然可以控制永恆，那末，站在永恆處來看時間，而且，又在片刻的抉擇中把握永恆；這末一來，問題就緊縮到「抉擇」的倫理問題上。提到倫理問題，就涉及自由概念，這自由就是我們選擇本質的資本。因此，雅士培才敢說：如果時間後面有永恆，我們就有希望。他又說：我必須受苦，必須死亡；但是，也必須努力，必須掙扎。

雅士培的一生，曾經發現了自身的絕望，曾經屢次追求幸福而失敗（身患小兒痲痺之體驗）。但是，他也在絕望中發現了希望；在他決定要做醫生，好來造福其他病患時，他記述說：幸福不是要別人來給你，而是要你自己去創造，去給別人，尤其那些需要幸福的人。後來，雅士培終生都在設法爲患病服務。在他的思想中，覺得幸福不是像金條一般，讓我們去取用，而是像金砂，等我們去發挖，去提煉。

這種只顧耕耘，不問收穫的希望何時實現呢？

馬色爾給我們指出了「旅途之人」當作答案。旅途之人所表示的是，整體的人生有一個目的，個人的幸福有賴於羣體的發展：精神價值的遺產是身後的留芳百世。

在「希望」概念中，「個人」被發現後，重新又消失，消失在羣體之中，因爲，這個個人已經覺察出「自我犧牲」的眞諦。

「一粒麥子，若不掉在地裏死了、朽壞了，終究是一粒；但若死了、壞了，就會長出六十倍、八十倍、一百倍的麥粒來」。

人生的責任不是去咀咒黑暗，而是要點亮蠟燭；就在自己變成蠟燭，光照別人時，才算眞正懂得希望期的意義，因而也就知道「獲得」與「失落」之間的關係和區別。

在希望期中的存在主義者，都知道荒謬和矛盾祇是人生努力的機會。哲學家的責任，不是在對迷失加油添醋，而是設法把別人從迷失中帶出來，走向和諧的境地。

雅士培與馬色爾都看透了：人生不是要享受幸福，而是要負責任，去爲人類，爲世界創造幸福。

如同卡繆所說的，「幸福不是一切，人還有責任。」

人生的意義問題，祇要一個人肯用冷靜的頭腦和平靜的心靈去處理，其緒論縱使是悲哀，但是，努力和希望是絕不可少的。祇要人類自己存有一線希望，祇要人類不狂妄幼稚地把希望丟棄，存在主義的這種內容上的發展：從荒謬，透過奮鬪，而抵達自由的方向，才是人類應關心的課題，也是人類唯一可信任的學說。

我上面已經提過，存在主義在歐洲已經過時，但是，其影響，尤其對人生態度的影響，以及它所引起的新的問題，當然仍舊繼續在發展中。我們現就以另一角度來看存在主義的情形。

四、發展中的存在主義

存在主義的發展，以德國和法國做中心，表現的方法則以哲學和文學並行；通常的分類是：德國存在主義重理，法國的存在主義重情。

德國的存在主義，以雅士培和海德格的分析作準則，當理知的分析到達高潮時，竟忘掉了個人存在的另一眞實層面。這一面就是「工匠人」的理解，「工匠人」的意義在於指出人與世界的密切關係，這關係是自然科學的起源，也是各種工業發展的先聲。

德國不但是唯心論的搖籃，也是唯物論的發源地。「人與世界」的關係，在德國工業高度發展下，獨霸着國家民族的努力方向，存在主義所提出的「個人」概念，在工業社會中，就發展了「駕御術」(Kybernetik)。

駕御術的意義是要指明，人與世界關係中，人可以征服世界，不役於物；其最終的根本是「智慧人」；「智慧人」因了要改造環境，使世界適應自己；而不是反過來，使自己適應世界。於是，智慧出現的最初刹那，就已經把智慧、工具、世界連結起來，成了不可分的三位一體。如果海德格強調，人是「在世存有」，則駕御術的基礎就在於這個在世存有的個人。

因此，駕御術要解決的問題，要比存在主義所提出的，更具體，它要解明「工業社會中的個人」，希望在工業社會中找回「個人」的應有地位。駕御術要指出，人的存在不是孤獨的，他的天生本質之中，就有世界和工具的關係。因此，要闡明人的存在，並不能單用「人的感受」爲出發點，而應當把世界，以及人與世界之間的工具併在一起來討論。在工業社會中的人，要發展的話，就要這三方面的一齊發展，機器祇是工具，是人用來征服世界的工具，其發展應與人的精神發展並行；否則會變成「人是機器的工具」，而不是「機器是人的工具」。

在人與世界對立的研究中，駕御術所提出的結論是：完成「智慧人」，完成「工匠人」，征服世界；就在這些工作的背後，存有一個基本的信念，那就是：世界不變，物質世界不會進步；而人卻在變，而且在進步的變，這進步最具體的，是工具的進步。駕御術深信，人的智慧不但可認清工具的效用，而且還知道駕御這工具的動力因何在，知道這「智慧」本身的形上意義，知道從存在回歸存有時，要把世界和工具的連續性解除，而完成自我於超越界。

駕御術是德國存在主義所引起的科學哲學，一方面補足了存在主義，他方面發展了存在主義所沒有注意的人生問題。

在法國存在主義聲名洋溢時，尤其在沙特拒受諾貝爾獎金開始，存在主義到達顛峯狀態。法國存在主義原以內心情緒爲出發點；因而專以心理學和人類學起家的「結構主義」(Structuralisme)興起之後，成了存在主義的尅星。他們用內省法，以結構心理學爲研究對象，提出的問題是：「人的思想，究竟爲以前所思想過的，或根本從未想過的思想所控制？」這是心理學中下意識的一個問題。其答案當然是：「吾人從未想過的思想在控制我們的思想」。這末一來，法國存在主義大師沙特和馬色爾的思想馬上成了疑問。因爲馬色爾的家庭背景對宗教信仰冷漠，才使他下意識地變成虔誠教徒；而沙特在幼時，則因了家庭的過度虔誠，而起了反抗作用，對宗教無好感。

這末一來，由於結構主義的心理分析，不看存在主義的內容，而單衡量存在主義學者的心理背景和狀態，站在全面的問題之下，來企圖摧毀存在主義。

無神的沙特用空無概念說出：神不存在；結構主義者用同樣的空無分析法，對沙特說：人不存在。

結構主義者說的，人不存在，其實衹是針對沙特的分析方法而言。因爲如果說德國存在主義的特徵是：闡明存在，則法國存在主義的問題重心在：實現存在。闡明存在需用駕御術來補足，則實現存在就需由結構主義去批判。

原來，法國一向以人文主義爲中心思想，對「神」的問題大多存而不論；而今存在主義的二位大師，竟然在神的問題上大相逕庭，當然引起學界的非議，結構主義的興起，才眞正把學術拉回到人文之中。

存在主義波及至法國之後，着重於「情」的運用，以情來實現存在；結構主義的人文思想，提出來的第一個問題就是：究竟人的存在如何結構成的？人的構成因素是什麼？什麼因素影響人的抉擇？

由這些心理問題的提出，「下意識」成了人存在的根本，成了不可知論的思考方向；要談存在就必須從下意識談起。

德國存在主義走進了科學，法國的存在主義走進了心理學：二者都比以前更具體，更能體驗。

這裏，題外值得一提的是：存在哲學「抉擇」與「個人」概念，在哲學中的影響，遠不如在神學中的影響；西方宗教革新聲中，許多有名的神學家都是存在主義出身，像 Paul Tillich,

Martin Buber, Karl Rahner, Karl Barth 等人。

存在主義所影響的神學下，已漸漸由「神」中心轉移到「人」中心。當然，人中心的意義並不是說，人變成了信仰的中心，而是反過來，人的一切內心經驗以及宗教情操，都是神學的根本；神的啓示需要人去信仰，而人的信仰則全靠他個人對上帝的經驗。

由於神學的重心放在人身上，於是，人與人之間的交往，多多少少取代了封閉的修道體系。利用聖經中的：「如汝曹有彼此相愛之情，人將因此認識汝爲我徒」原則，引伸出人與人之間橫的互愛，可以得到縱的效果，那就是「愛人」代表了「愛上帝」，以「愛人」的行爲來證明自己在「愛上帝」，在「信仰上帝」。

五、存在主義在我國遭受的誤會

在上面「史的發展」中，我們已略爲看到了美洲和亞洲對存在主義的誤解。在這裏，更要提出一些徹底的緣由和事實。

在本題一開始時，我曾提過存在主義有哲學的和文學的兩種，而且在始祖祁克果著作中就有了這兩種因素；後來，經由德國的雅士培和海德格的經營，才把學說體系化，而變成純粹哲學的東西；但是，當存在主義學說進入法國時，才又回復到文學與哲學兼容的局面；而且，由法國負笈來德的沙特，在回到法國之後，就極力宣揚其「荒謬」思想；用戲劇，用小說，多方設法破壞人性的希望；甚至以身試法，反對傳統的禮法，婚約中除去永恆性，以人與人之間的合約——隨時與致的合約，作爲家庭生活的基礎。

綜觀沙特的學說，一方面來自胡塞爾的現象學，另方面來自海德格的思想；但是，還有一條影響沙特之路，那就是尼采對宗教的批評與漫罵；而尼采的思想受了誰的啓示呢？當然受了杜斯托也夫斯基所著「卡拉馬助夫兄弟們」的影響，卡氏四兄弟中所代表的，按著作的原意，是要代表全人類的各種典型；尤其依凡對宗教的反對以及對人生的懷疑，還有自身的墮落，在在都使尼采嚮往。尼采之利用杜斯托也夫斯基，正如馬克斯之利用黑格爾，二者都在往壞的一面想，都在往壞的一方面發展。（沙特誤解了胡塞爾對存有的看法，也誤解了海德格對虛無概念的探討）。

美洲和亞洲研究存在主義的學者們，大體上都把尼采對存在的冒險包括進去，甚至尼采所標出的「我不愛上帝，我愛人類」，以爲和卡繆所主張的「愛世界，愛人類」有相同的意義；因而亦以爲「爲了人類，必須除去上帝」的生命體驗，是存在主義的根本。於是，存在主義中無神的思想，反宗教、反倫理的思想非常高揚；而在這種學說走向極端時，就結論出凡是走向超越、走向宗教、走向解脫的學者，都不是存在主義者了。

我們綜合一下，我國在過去十年中，對存在主義的瞭解大致如下：

①以沙特以及其荒謬、矛盾、漫罵作中心，配合着尼采的反宗教情操（其實，尼采的中心思想是回到希臘的文化自由境界，創造出新的價值，其目的並非首要攻擊基督教，因爲希臘時代根

本就不攻擊基督教，並且亦絕不以攻擊別人起家），去宣揚存在主義的糟粕。以羣衆心理的迷失和苦悶爲餌，提出反抗、自由、獨立思考等口號，而實行反倫理、反宗教、反政府的行徑。

這裏說的存在主義的糟粕，原因是所有存在主義者都發現了荒謬，都親身感受了荒謬，但是，他們中絕大部份都努力解脫荒謬的束縛。把這種起步的工作看作學理的完成，把初學看成專家，把最膚淺的東西，看成了學說的精華。

②故意曲解沙特和尼采：上面指出：以沙特和尼采當作是存在主義者的代表，固然是一種錯誤，但若眞正懂透他們，吸取他們的長處，擠棄他們的短處，像尼采的思想冒險精神，創造新機運，邁向「超人」的境界，仍是非常可取之事；或如沙特當年，爲了法國民衆的自由，不顧生命的危險與納粹黨鬪爭，都是值得效法之壯舉。但是，在我國的思想並非如此，學習尼采祇學習到漫駡，學習沙特只學到他不滿現實的糟粕。

還有，沙特自己都以爲存在主義有兩種，有神與無神，至少站在學術立場上，還算公正；但是，我國所認識的沙特式的存在主義，竟然是徹底的無神主義。當然，如若跟隨沙特去搞羣衆心理，以馬克斯的鬪爭、分化爲能事，倒算是忠於目前的沙特；但是，這已經走離了存在主義的界限，而成了共產主義。

③羣衆心理的造成，原是政治上的事，學術貴在每個個人內心的抉擇；早在黑格爾學說之後，起來反對他的，有丹麥的祁克果，專以「個人」獨立存在爲依據；有德國的馬克斯，則以「

羣衆」的集體精神作基礎，發展具體的權力。存在主義在一開始時就與羣衆心理的集體主義相對峙，沙特之走進了集體，可說眞正脫離了存在主義。因而，在存在主義發展史中，眞正脫離存在範圍的，不是否認自己爲存在主義的海德格和雅士培，而是自命爲存在主義者的沙特。

把沙特當作是唯一的存在主義者，是學術上的一大錯誤。沙特之由存在主義走向了共產主義，實在是西方哲學思潮中的一大笑話；而我國捧沙特，更是思想上的一大恥辱。

結論

從上面的簡介中，我們扼要地窺探了存在主義的全面。因而知道「荒謬」、「苦悶」、「迷失」等概念祇是存在主義的始點；而且，在所有存在哲學家中，祇有法國的沙特才無法從荒謬中解脫出來。

當然，存在主義反對駝鳥式的哲學，反對那些不正視人生、常把一切歸於眞善美的理想家，也反對那些沈醉於紅燈綠酒中迷失的人。存在主義者呼籲：正視問題，看清世道險惡，也因此而咀咒人生的荒謬。

但是，綜合了所有存在主義者的意見，能夠結論出：人不是荒謬的，世界也不是荒謬的，人生在世上才荒謬。人生荒謬的原因就在於：要在不幸中去創造幸福，要在荒謬中、在無法理解中，去尋找答案。

在發現荒謬之後，不死心、不絕望，是大多數存在主義者的精神；他們要在絕望中找求希望。這一點，才是我們在存在主義中値得取來效法的，以爲可以接受，同時値得欽佩的一面。也是他們能引以爲榮的光明面。

就憑這種奮鬪的精神，鼓勵着我們每一個人，敢於揭開我們自身存在的奧秘，敢於正視人生的無法理解；而且，在絕望中仍然帶着希望。

這種絕望中的希望，無論投向哲學理想，或是投向宗教理想，總是有「救人淑世」的「菩薩」心腸。

唯有在這種信念下去看存在主義，才是研究學問，學以致用的風度。

有的先賢，像祁克果、雅士培解脫了，從存在走回到存有處；當然亦有仍在徬徨中的海德格，甚至亦有在絕望中漫罵的沙特。

讀者也許已覺察出，目前在我國流行的「存在主義」，大多都逗留在第一階段中，多數在作無病呻吟，高喊尼采，高喊沙特；不但自身無法擺脫荒謬，還要拖別人下水，生怕別人解脫荒謬，獲得自由。

法國存在主義者重情，但這情不一定悖理；而且，這情的疏導，走向合理的抉擇，也才眞正是「存在先於本質」的體會。

最後，兄弟向所有研究存在主義者指出一點寄望，寄望在作研究工作時，先從存在主義原著着手，在先進著作中看存在主義；但是，在研究好之後，自己不要死在裏面，還要出來，站在自己的傳統文化上再看存在主義，看看有無可取之處。並且，不但要自己走出來，還要帶領別人出來，尤其那些已經陷入存在主義迷宮中，找不到出路的人，更要給他們指點迷津，使他們不致於徬徨在荒謬中，不能自拔；而是要超乎一切學說之上，選擇自己的本質，選擇自己的存在，選擇自己的自由。

（中華民國六十二年九月廿九日在臺中講）

附註

註一　所有的存在主義都不用英文著述，他們所用的文字多數是德文和法文，箇中亦有西班牙文，或存在主義始祖所用的丹麥文。

註二　「廿世紀最盛行的哲學思潮，無疑是存在主義」……「唯有以人爲本位的存在主義，才是名符其實的存在主義。凡屬神本主義或任何企圖以「超越」等觀念來代替破舊信仰的，都應在删除之列。……當代存在主義應以沙特爲中心。」參閱陳鼓應編存在主義增訂本，商務印書館人人文庫三五二、三五三號，民國六十年九月增訂一版，寫在前面一——三頁。

註三　「更忠信於原始存在主義的，是神學的存在主義，也稱爲基督主義的存在主義。」……「內在與無神的存在主義，我們稱它是不純的存在主義。」參閱趙雅博著存在主義論叢增訂本，大中國圖書公司，民國五十七年五月增訂再版，一八六頁。

註　四　祁克果此處引用保羅致歌林多前書第九章第二十四節所說：「得獎的只有一人」爲出發點，以「存在」的概念來表出人生的意義。

註　五　鄔昆如著發展中的存在主義，先知出版社，民國六十二年四月再版，第十四頁。

註　六　Sören Kierkegaard, Crainte et Tremblement, Aubier, Paris 1946 pp. 105 110 111。

註　七　Walter Lowrie 著，孟祥森譯：齊克果一生的故事，商務，民國五十七年六月三版，六四——六五頁。

註　八　鄔昆如著發展中的存在主義，同上第六頁。

註　九　Karl Jaspers, Die Geistige Situation der Zeit, 本處用英譯本 Man in The Modem Age, Doubleday, New York 1958 第七五頁。

註一〇　Karl Jaspers, Philopbie 1, Springer Verlag, 3 Aufl, Berlin 1956 第一一六頁。

註一一　Karl Jaspers, Die grossen Philosohen, Piper, München 1957。

註一二　Karl Jaspers, Aus dem Ursprung denkende Metaphysiker, Piper, München 1957第一四三頁。

註一三　Karl Jaspers, Philoosophie III Springed-Verlag, Berlin 1956第七十九頁。

註一四　關於現象學方法，參閱李貴良著胡賽爾現象學，師大教育研究所，民國五十二年六月出版。以及鄔昆如著胡賽爾的存而不論概念，臺大文史哲學報第二十一期，民國六十一年六月，第二〇二——三〇七頁。

註一五 Martin Heidegger, Einführung in die Metaphysik, Max Niemeyer, Tübingen 1958第十二頁。

註一六 同上，第一頁。

註一七 海德格哲學目標在於本體論，但其方法則在用倫理學的修養；在海氏看來，「眞理」（希臘文 Aletheia）的原義就是「揭開秘密」；一個人唯有用倫理道德，才能揭開本體的奧秘。

註一八 馬色爾與海德格都生於一八八九年；同時於一九二七年出版代表作；海德格的 Sein und Zeit「存有與時間」，馬色爾的 Journal Metaphysique「形上學日記」。

註一九 參閱 Gabriel Marcel, Journal Metaphysique, Gallimard, Paris 1927 第一三六——一三七頁。

註二〇 G. Marcel, Etre et Avoir, Aubier-Montaigne, Paris 1935第五十八頁。

註二一 G. Marcel, La Dignite Humaine, Aubier-Mantaigne, Paris 1964 第一三八頁。

註二二 G. Marcel, Etre et Avoir，同上第五十八頁。

註二三 Jean-Paul Sartre, Letre et le Neant, Gallimard, Paris 1943 第六十——六十一頁。

註二四 關於時間問題，請參閱沙特自著「存有與空無」第一六四——一七四頁。

註二五 沙特一九六〇年出版「辨證理性批判」（Critique de la raison dialectique）已公然承認，歷史唯物論是唯一眞實的歷史；共產主義的人生觀是唯一合理而行得通的人生觀。

註二六 「存在主義是一種人文主義」一書，原文是 L'Existentialisme est un humanisme，我國誤譯爲「存在主義即是人文主義」參閱陳鼓應編「存在主義」，商務人人文庫三五二、三五三，民國六十年增訂一版，第二八七頁。

註二七 參閱陳鼓應編存在主義，同上第三頁。

註二八 J-P. Sartre, Search for a Method, trans from the French and with an Introduction By Hazel Barnes, Nw York 1963 第八頁。

註二九 I. M. Bochenski, Europäische Philosophie der Gegenwart, Francke, München 1951 第一八一頁。

註三〇 勞思光著存在主義哲學，亞洲，民國五十八年八月再版，第三頁。

註三一 海德格已於一九七六年逝世。

自由與自由主義在當前的意義

「自由與自由主義在當前的意義」這個題目，初看起來好像並不會發生什麼困難，討論它似乎也不會有什麼價值，甚至，也許有人覺得沒有什麼可提出來討論。但是，若往深一層去看，在二十世紀七十年代的今天，固然每個人都會以爲自由是理所當然的東西，自由主義也是基本人權之一，可是，有沒有想到，就在這種「理所當然」以及「基本人權」背後，根本上存在着人類追求自由，和各種「壓迫」搏鬪的整個生命的歷史？有沒有想到過，在人類追求自由的歷史中，付出了什麼樣的代價？由這方面的角度看來，「自由」與「自由主義」的問題探討，事實上是統括了整個人性的探求，尤其包括了整個人生奮鬪的歷史；並且，對整個人類的存在過程都收羅進去了。這末一來，自由這概念，是人人都在追求，都想衞護的；而且，也是人人都希望生活在其中的東西。從前的人這樣，現在的人還是這樣，將來的人也許仍然是這樣。

各位聽衆想來和兄弟有同感，都相信「自由」這東西，同時也親身感覺到它對我們生命的重要性。然而，近百年來的西風東漸，西方無論出現了什麼怪現象都很快傳到我們這裏。在美國興起的「裸奔」，不到兩天就像八仙過海般的神奇，登陸了寶島。近來在美洲風行的「行爲主義」，把觀察白老鼠的一套結果，硬套在人類頭上，結論出「人沒有自由」，一切由環境來支配。在這些迷惑拐騙之籠罩下，我們確實有必要再次從根本討論「自由」的問題。這是這篇講演的第一個理由，並且同時亦指出討論的第一重困難。

更大的困難是：討論自由的人本身是否是自由的？因爲有自由的人來談自由，和一個沒有自由的人來談自由，自由的根本就會表現得不一樣，談的內容也會不一樣，談的方式就更不一樣，其整個結論就根本不可能統一了。一隻哈吧狗，被主人套上鐵鍊，牽着到街上走走，牠準會覺得自己現在自由了，而主人手中的那條鍊子正是牠自由的保證。又如一個吸煙的人，在公共汽車上看到「禁止吸煙」的告示，會直覺到自己的自由受到了限制；但是，那些不吸煙的人，卻以爲那告示牌是自己自由的保障。站的角度不同，對「自由」的體驗亦不同，對「自由」所下的定義也會不同。

第三點，在本省，從民國四十七年開始，連續了四年，曾經有過「自由主義」論戰式的討論。當時剛好是作者在臺大念書時代，對「自由」祇抓到了一些零碎的概念，而無法編成體系；雖然讀了不少文章，卻仍無法通曉「自由」和「自由主義」可以分開來討論的秘密。近來，有些雜誌報章繼存在主義、行爲主義之後，又開始把這「老」問題，提出來翻炒；作者也就湊湊熱鬧，談一談自由的意義。

在這裏，我們先提出兩種說法，給讀者諸君作爲思考的對象，這兩種說法都非常粗俗：自由是「我要作什麼，就做什麼！」這是第一種說法。第二種說法是：自由是「我要作什麼，就偏不做什麼！」

在這兩種相互矛盾的說法中，究竟那一種說法是對的？

或者，進入到第四點，把問題發揮到極處，問及「究竟有沒有自由？」抑或說，人的一切都由命運安排？這命運與白老鼠的行爲，螞蟻的反應，物理的存在法則一般，可以「算」出來？兄弟剛回國時，喜歡在週末爬指南宮；有一回，同行的一位同學被路旁的算命先生看上了，指着他的鼻子說：「呀！你的鼻子好漂亮！要不要算一算？」那位同學很調皮，跟他胡扯了一陣之後，商量好祇「算」最近的未來，於是作了個立正的姿態，問算命先生：「請你算一算，我要先走那隻腳？」當然，這位同學提出了太難的問題；但是，這正是「自由」存在與否的問題。

因爲自由是整個人性內層的問題，你我同時感到需要，別人也同樣感到需要，我們就不得不愼重處理。

現就請分三部份來討論：

一、歷史發展：指出人類對「自由」的認識和爭取的歷史；亦即是站在自由之外，去看自由之生成變化。

二、內涵意義：點出人類所追求和爭取的到底是什麼；卽是，走進自由內部，去透視自由的眞諦。

三、在當前的意義：在獲知自由之歷史發展及內涵意義後，問及如何利用自由，如何表現我們的自由；卽是指出人性如何在自由概念中，得以實現及充實。

前二部份是準備工作，最後一部份才是主題，我們這就進入第一部份：

一、自由與自由主義的歷史發展

(1)希臘：西方文化的溫床和搖籃，最先發展了「人本」思想，在希臘的最早政治形態中，有市民與奴隸之分；市民是自由的，他們「要作什麼，就作什麼」；奴隸則是不自由的，他們無論做什麼，都要聽從主人的吩咐。

在哲學上，蘇格拉底和柏拉圖發展了「自由」與「自願」兩個概念，每個市民或奴隸，都在內心有「選擇」做或不做的自由；亦卽是說：外在的工作並不能完全表示內心的願或不願；而眞正的自由必需是「自願」的。蘇格拉底在臨死前，對弟子的一段話，十足表示出自由與自願的關係。他說：你們想我之所以留在監獄裏是由於我有肉體，必須有一個棲身之所？還是我根本就自願在這裏等待死亡的來臨，因爲我有另外一個更高的目的？(註一)

「自願」成了思想上的第一個「自由的定義」。聽說有位犯人，當法官判他死罪時，就用這種理由申辯，說自己殺人根本身不由己，生來就是殺人兇手，因此告訴法官不能判他死罪。法官在這種場合也很機智，回答說：我也很難爲情，因爲我生來也注定要判你死罪的；固不自願，但無法反抗。這故事所展示的，是「自願」完全是內在的意志行爲，除自己之外，沒有別人知道，別人也無法知道。這末一來，「自由」之意義在古希臘，就成了「不被迫」加上「自知」加上「自願」。「不被迫」是外在因素；「自知」和「自願」是內在因素：前者屬理知，後者屬意志。希臘文化以「知」爲中心，因而以爲「智者」才是眞正自由的人；「愚者」由於知識不夠，根本缺乏了「自知」之內在因素。（註二）

(2)希臘羅馬：當西方政治、文化、軍事、商業等等由雅典的中心，轉移到羅馬爲中心時，文化上起了一個很大的變動，先是羅馬人對「人」的極限的發現；這就掀起了整個文化體系把「宇宙」存而不論，而單獨討論「人」，一切都以「人」爲中心。

希臘要通過宇宙去研究人生，希臘羅馬的學者則喜歡透過人去討論人；希臘的問題在於「如何認知」，而希臘羅馬則對「如何做人」有興趣，要問及「人在宇宙中有什麼地位？」問「自己可否自由地安置自己在宇宙之中？」這問題提出的根本，就是人的自由問題。

（I）先是司多噶學派：（註三）把自然和人爲看成唯一，擁有相同的存在法則；因而把人生的目的看成：消溶自己在宇宙萬物之中。因而要消滅自我之一切欲望，該「節制」；以爲自由是：我要作什麼，就偏不做什麼。從這種「節制」的工夫，一個人就可以達到 Apatheia「不可能受情欲擾亂者」，也可達到 Ataraxie「無煩惱者」。司多噶派的這種人生觀有點像印度的佛學，或我國的道家。

(Ⅱ) 其次是伊彼古羅派：(註四) 他們屬早期的唯物論，以為構成人性是原子集合，而所謂快樂，卽是原子結構感到舒適。在這種情形下，自由就是快樂，就是不受外力壓迫，不受外力控制，所謂「自由自在」是也。這是西方對自由的消極定義的發現。

⑶中世：羅馬取代雅典之後，出現得最大的變化，莫過於希伯萊宗教的輸入，希伯萊帶來了「神」本思想；這思想使人有人的極限的體驗。

希臘問：「如何成爲智者？」

羅馬問：「如何做好人？」

中世問：「如何做信徒？」

問題不同，導引出來的答案也就不同。希伯萊的信仰，迫使人類要關心自身在感受中善惡二元之爭的問題：自由與罪惡。

中世時代，在「自由」問題的開拓上，提出了西方從未有過的全新的問題：基督信徒爲了追求信仰的自由，在三百年的仇教時期內，以自己的生命和鮮血，來爭取信仰的自由。這行動給予希臘和羅馬對自由的消極體驗，提供了積極性的行動。再則，提及個人自由時，以教義中每個人擁有不死不滅的靈魂，而且靈魂是上帝的肖像；這就提出了個人的內在自由，不許破壞這肖像，以不犯罪的自由，來完成個人的本性。

（I）先是敎父時代的奧古斯丁（註五），他說出了「若我墮落，我卽存在」（註六）的自由意識；在人生的「知」和「行」互相衝突時，亦卽是說，當意志不願意奉行理知的指示時，尤其是「做了那本不願做的事」時，個人的自由就曉然若揭了。奧氏在其大著「論自由意志」中，從「人強於獸」的事實開始，導引出「心智」能控制「情慾」者爲自由。這樣中世思想在一開始時，就強調了「我要作什麼，就偏不做什麼」，才是自由。

奧氏思想，第一次以反證的方式，證明了「自由」之存在，也證明出人是自由的。

（II）後來是士林哲學的峯頂人物聖多瑪（註七），他集各種自由概念之大成，分清了「人的行爲」和「倫理行爲」，前者是物理的、生理的、心理的行爲，吾人無法負責，是屬於不自由的行爲；後者則是理知的和意志的行爲，由我們控制，因而是自由的，作事的責任歸於人負責。聖多瑪又以分析的方式，分清了「外在的自由」與「內在的自由」二種，前者如宗敎信仰的自由、學術知識的自由等。後者就是宗敎上的不犯罪；能夠控制情慾，而做到「要作什麼，就偏不做什麼」。

綜合以上的「集大成」。自由就成爲「做」或「不做」；如果「做」，也可以「做這」或「做那」。就如我寫這篇文章爲例，「寫」或「不寫」都在我；同樣，若我決定要寫，還可以「寫這篇」或「寫別篇」。這都說明了我是自由的人。

在提出前人的綜合見解之後，聖多瑪提出了對自由的積極定義：「回歸自己本身」(註八)。這「回歸自己本身」的意義用今天的語言來表達；就是「自己做自己的主人」。

(4)近代：從文藝復興開始，就漸漸由中世的「神本」回到希臘的「人本」思想。「自由」概念的探討，至此又走向另一局面，卽是：「自由主義」的鼓吹。配合了自然科學的發展，對天體運行奧秘的發現，以及啓蒙運動的民族主義，理知的覺醒；從中世的「回歸自己本身」，變成再次的「走出自身」，進入社會人羣中，着重人與人之間、人與社會之間的關係。在「人在社會中」的權利與義務的探討下，發展出自由之另一層次意義；同時，並積極發展並推行這新意義的「自由」方案。

希臘、羅馬、中世的「內在自由」探討，於是走向了「外在的」，人與人之間、人與社會之間的「權利」競爭，從「君權神授」走向了法治信念。

早在一二一五年，英王約翰曾被貴族強迫，批准了「大憲章」(註九)，保護貴族的權益。一六〇〇年有洛克(註一〇)以哲學思想爲基礎，推定了個人「生命、自由、財產」之權利。一六八八年英國革命，繼之而來的是，一六八九年的「人權宣言」。一七〇〇年有理性主義與啓蒙運動之啓示，有伏祿泰爾及盧梭(註一一)，繼洛克之後，倡導了「天賦人權」、「人人生而平等」等自由理論，影響了後來一七七六年之美國獨立，繼之而來的是，一七八七年之美國人權宣言，主張「人民有生命、自由以及追求幸福之權利」。一七八九年法國大革命，同時催生了法國人權宣言，主張「在不爲害他人條件下，得以做任何事情」以及「自由、財產、安全和抵抗壓迫的權利。」（註一二）

由於近代「人」中心的課題，開始注意社會的關係，很快又轉到「個人」；就由於對「個人」生命，以及對生命問題的心靈態度，構成了自由主義的根本主張。這自由主義的起源，先由西班牙「自由黨」開始，漸漸成爲歐洲各國「個人」自由之借鏡。

自由主義者的信念是：自由主義是走向自由之路。

原由文藝復興和啓蒙運動所掀起的「自由平等」，「思想自由」，「信仰自由」等信念，到了十九世紀之後，就逐漸被一些政客妄用，而導致「放任主義」：以爲「我要作什麼，就做什麼」；這種放任主義之最終原因，是過份強調人性外在的自由，而忽略了「回歸自身」的內在意義；這種重外輕內的傾向，早在文藝復興時已種下了種子；在這種危機中，早有啓蒙時代的康德（註一三）出來，以其道德哲學作爲自由主義洪流中的中流砥柱。康德站在哲學的立場，再次闡明自由之內在意義：爲人性自身之完整表現；尤其後來費希特（註一四）把思想付諸行動時，把拿破崙趕出德國，拯救了國家民族於厄運中；費氏在這裏強調，寧願犧牲個人之外在自由（可以犧牲性命），而去換取國家民族的自由。

費希特哲學的高峯，在於他那部「告德意志國民書」，這本是由十四篇演講稿而集成；但是，其中思想啓發了「自由」在國家民族中另一層次的意義：就是個人的自由，有時要以國家民族的自由去衡量。

就在近代之自由主義聲中，儘管蘊含着「放任主義」種子，但也出現了反對派，就是以霍布士（註一五）爲首的「命定論」：以爲一切都是機械命定的，個人沒有自由可言；因而國家的權力猶如巨獸，可吞噬國民的一切所有。

⑸現代：現代人的生活，因了科技的發展，變成多采多姿；而且，在學問上也分門別類；透過自然科學去探討宇宙的秘密；透過心理學、人類學、宗教學、人文科學，去探索人性。人類對宇宙的認識已經一日千里；但是，對人類本身的知識，卻仍停留在「物理」層次上；甚至，有人還想把向來努力建構成的「道德」層面摧毁，而代之以與的，是新自由主義。

西方十九世紀後半期，正如史賓格勒（註一六）說的，是「西方沒落」的時代：在法國興起了「實證主義」，在德國誕生了「馬克斯主義」，在美國有「實用主義」的問世，這些主義都在設法以「物理」層次的體驗，來界定人的精神生活。「價值中立」的結果，使擁有重疊架構的「人性」，變成平面展開的「物性」；不但物的第二性質受到了歪曲，就連第三性質的價值，早就被拋棄在一旁。

把人壓扁了來討論固然是一大憾事，但是，在另一方面，卻隨着「自由主義」的末流，把「個人主義」以及「放任主義」，「機械唯物主義」以及「實證主義」大加宣揚，使「自由」概念，變成了「放任」，變成了「自私」，變成了「機械」。

可幸，西方所崇拜的上帝並沒有使他們應驗史賓格勒的預言，而以全能之手扶住了西方文化命根，在一八五九年，幾乎與各種邪說的同時，爲西方世界送來了三位先知，並且分得非常平均，以西方現有的三大言語爲背景：

在法國，誕生了日後要收拾實證主義的柏格森。（註一七）

在德國，生下了後來使馬克斯主義無法再在德國立足的胡塞爾。（註一八）

在美國，出生了此後導引實用主義入正途的杜威。（註一九）

這三位先生，在二十世紀黎明之前，肩負了西方文化末流的餘孽，在新自由主義的發展下，重新把「人」在宇宙中應有的地位，歸還給人類。

當代思想中，對「自由」概念已不像往昔加以分析或闡釋，而是對「自由」的自身體驗爲出發點，而且通常採取二元對立的姿態出現；贊成人有自由，或是否定人有自由，都並存在每一種學說之中。

就如心理學者，當他們分析人類行爲在對抗外來壓力，或充實自己內心自主時，就會結論出人的自由表現；反過來，以行爲科學的方法，實驗白老鼠時，又覺得世上並沒有自由的存在。（註二〇）

在邏輯實證論諸學說中，提及「價值中立」時，則直覺得要把形而上的自由意義除去，以保

持其數理「算」的尊嚴；但是，當語言分析者，在分析「我能作」或「我要作」時，又得贊成自由的存在。(註二二)

就在存在主義諸說中，以爲人要爲自己之將來設計，而自覺到「存在先於本質」時，會舉手贊成人人有自由，但是，若深一層去想，人的這份抉擇的能力也是賜與的，也是命該如此時，則又覺得人是不自由的，卽是「沒有不自由的自由」。

這些問題的困擾，其實都來自西方傳統知識論與情意的混淆所致。問題的癥結還是要回到：就在「人文世界」與「自然世界」中，如何把人類定位的根本問題：把「人」當作「人」看待，還是把「人」當作「物」看待。

在自由與自由主義的歷史演變探討中，到最後，我們祇能從心裏祝禱；雖然西方有各種思潮出現，正統的「自由」終會引導人類善用「自由主義」的運動。歷史是公正的，它會淘汰各種的不公平和不合理；它更會衝破時間，走向永恒；衝破空間，走向無限。就在永恒和無限的境界中，給「人」安排其自由的價值。

二、自由與自由主義的內在涵義

在歷史的演變中，我們探討了自由和自由主義的生成變化現象；現在，我們要深入問題核心，看看自由的內在涵義是什麼。唯其認清了內涵意義，才能獲知其在當前的意義。

藉助於歷史演變中的經緯，我們首先發現「自由」問題，是以「人」爲中心的人生問題，而且是以「人性」爲終極依據以及終極目的的問題。自由既然以「人性」爲基準，當然就要在「人」的範圍內去探討（在這裏，我們根本反對把研究白老鼠的成果移植到人類行爲上）；在人類已往的經驗中，確曾分辯了「內在」與「外在」的自由。現在的問題是：這內在與外在的界限是什麼？我以爲這問題的答案在於「人性」上面，即是人性中的「個人」和「羣體」的劃分。個人的內在自由在於他能把握自己，能夠利用自己的「自知」和「自願」，去選擇自己的行爲；個人的外在自由則是消滅外來的壓力，要自身的衣、食、住、行的自由；這自由是透過自由主義所爭取得來。亦即是說，個人的內在自由來自個人的修養，而外在自由則來自向外爭取，在同類中爭取平等。同樣，羣體也有內在與外在之分：羣體的內在自由就如一個社會國家有充分的自主權、獨立權；羣體內的構成份子都有內、外的自由；羣體的外在自由，則是對外的平等，是要構成份子有時犧牲小我來爭取的；這亦是自由主義的一種型態。依這種劃分看來，自由涵義的根本還是個人內在之自由，整個自由主義若要不陷入放任主義之中，就都必須使自由整體的成員，都擁有內在的自由。

(1)個人的內在自由：「回歸自己本身」，以自己能夠控制自己爲基準，要做到「我要作什麼，就偏不做什麼」的自制。「人性」不但要把自己適當地安置在宇宙中，而要把握自己，駕御自己，自己做自己的主人。唯有在消除自己內在的情慾束縛之後，才能談得上眞正的自由。

(I)消極的，不受外界環境和情緒的控制，能夠覺到自己的「自由自在」。

(II)積極的，控制自己的「自願」，依照理知所展示的「自知」去擇善避惡。這是「去人欲、存天理」的工夫，也就是西方的「心靈自由」，「不犯罪」的自由。

一個人，如果被迫做某種事情，總還可以用「不自願」的理由，解脫良心上的束縛；可是，如果甘心受自己內在的情慾支配，那就成了莊子的「天刑之，安可解」了。因此，「個人內在的自由」，是諸種自由中最難能可貴的一種，但也是最基本的一種；沒有它，上層建構的所有富麗堂皇的自由主義，都是沙土之宮，不能長久。

(2)個人的外在自由：這是自由主義最先發展的目標，以「人人生而平等」的基礎出發，爭取到機會均等，法律之下，人人平等。

(I)消極方面，免於恐懼，免於匱乏，免於威脅的自由。譬如，在任何場合中，有「不說話的自由」。兄弟在匪區三年，在勞改期中，每天晚上有檢討會，在那裏，個人就沒有緘默的自由；你不說話，指導員就會指着你說：這個人在想反動思想！

消極的自由，保障一個人「不做」的自由，他對每一件事都有權利保持緘默，甚至為了某種理由，可以入山修道，遠離一切世事。

(II)積極方面，爭取「自己的事自己管」的權利，卽個人的獨立自主權。社會形態開始由大家庭制變為小家庭制之後，妻子不必要再在公婆之下和妯娌之間生活，青年人於是追求戀愛的自由，如果父母反對，也許會造成私奔事件。這祇是許多比方中的一種。

(3)羣體之自由：個人的外在自由一直擴張，可以推廣到羣體中，是把「個人」連同「個人所屬的團體」推向到獨立自由的境地；也就是把團體在社會中，在與其它團體交往中，給予適當的、應該的定位。

個人「本性」所擁有的「社會性」，存在主義大師海德格（註三）所倡導的「共同存有」，就是這個意思。

這種由個人的自我覺醒，進而爭取全人類平等之自由，在人類歷史上有過很大的運動。這運動的目的，將大部份力量放在「除去自由的障礙」上，幫助每個個人去爭取自由，進而完成人性；幫助國家民族爭取自由，好與其它國家民族有平等的地位。

這就是近代以來的自由主義運動。

「自由主義」運動，從羅馬帝國的議會政治，元老削減帝王之權力起，經初世紀三百年仇教運動，再經中世十三世紀時英國的大憲章，一直到文藝復興、啓蒙運動的高潮止，都在注重個人與社會的關係，亦都從這關係中，首先爭取大家的自由，進而每個個人分受到這自由之一份。

「自由主義」名目繁多，信仰自由、宗教自由、言論自由、出版自由、集會結社自由；甚至一切衣食住行之自由、戀愛自由等等，其原理都在針對人性的體認上。依知識論的不同依據，自由主義所用的「自由」理由，可有下列三種類型：

(Ⅰ)自然法的自由主義：從羅馬司多噶學派開始，經過近代洛克、盧梭等人的推廣，一直至自由主義各方面的鼓吹，都在主張「天賦人權」「人人生而自由平等」。洛克說的「任何人都有天賦的人權，其中包括生命、自由、財產等等。」盧梭的「社會契約論」，以爲人性生來是在原始社會中，那時一切都是大同，等到人與人之間互立契約，才開始成立社會。這種「自然法的自由主義」學說，是在知識論上把自然界的存在法則，平面展開，把人性法則亦安置其中，成爲根本上是同一的法則。在自然界中，一粒寶石和一塊普通的石頭，絕對沒有什麼特別的待遇。如此，在自然法的自由主義觀點下，所謂法律，亦卽是「自訂的」法則；故盧梭說：「服從自訂之法律，就是自由。」意思就是說，每個個人可以爲自己訂定法律，亦可與別人訂約；其實，與別人訂約還是等於自己爲自己訂定法律。(註二三)

(Ⅱ)功利的自由主義：這是由英國經驗論發展出來的主張，上承羅馬的伊彼古羅派，以爲幸福、快樂、自由是一而三，三而一的。這學說的提倡人有邊沁、彌爾父子。(註二四)伊彼古羅的快樂說，使邊沁說出：「爲大多數人謀最大之幸福。」因此，以「幸福」爲功利之尺度，去衡量自由的等級。邊沁說的「不論在道德方面，或政治方面，最大多數人的最大幸福，就是人類行爲的是非標準。」後來約翰彌爾在邊沁幸福的量上加上質，形成快樂的性質才決定自由高下的標準。

(Ⅲ)理性的自由主義：是由歐洲大陸理性主義的影響所興起，有格稜等人作代表(註二五)。從亞里士多德的「人是理性的動物」開始，經中世的一切理知結構，到主張「個人是一個完整的獨立體」爲止；約翰彌爾也說過：「沒有理性，就沒有自由。」理性主義的自由主義完全反對放任主義，因爲後者無法用理知作出任何可以放任的論證；而反過來，理性主義可用理知辨別出眞假善惡，而由意志去執行擇善避惡的行爲。

在這裏，要特別注意「自由」的整體觀，個人的自由，與個人所在的社會自由是整體的，不可分的。它的整體性就像個氣球，無論在球面上那一點，被針一刺，氣就會全跑掉。

因此，在自由主義運動中，一旦走了偏差，走進「個人主義」的「自由主義」時，整個「自由」問題就發生危機。個人的自由主義危機就像一個弟弟和哥哥同睡一張床，但每次弟弟先去睡，都祇放自己這邊的蚊帳，當蚊子從哥哥那邊飛來咬他時，還會抱怨說：「眞是不公平，怎麼哥哥那邊的蚊子也越界來咬我！」

這麼一來，無論談自由也好，談自由主義也好，其根本原則是：

「把自己當作人看待！」

「把人當作人看待！」

如此，最重要的問題還是要標明「人」的倫理規範，這規範就是人的「權利」與「義務」。「權利」與「義務」的確立，才能保障人的自由；「權利」「義務」並重，就是自由主義的正常狀態；通過這種自由主義，個人與社會才能獲得眞正的自由。如果不幸祇看見權利而忽略了義務，其自由就變成了放任，其自由主義就成了個人主義和放任主義。個人主義與放任主義不但妨礙了他人的自由，到最後還會迷失自己。

筆者寫到這裏，也許有讀者要起來抗議；在中國談自由怎末老沉浸在西方文化系統裏，爲何不談中華文化傳統中的自由概念？

談「自由」老在西方思想中繞圈子是有原因的；原來是因爲近百年來，我國受了西風東漸的衝擊，洋務與西化已經是不爭的事實；滿清留下的辮子我們丟棄了，但是卻把洋人的辮子（領帶）從背後掛到前面來。今天談「自由」，談「自由主義」，其實都是西洋人家裏的事，現在早已進入到我們的家中了。

然而，認眞看來，我國從辛亥革命，經五四運動，一直到立憲、修憲，似乎都在爭取「外在的自由」；與外國帝國主義者爭取國家民族之自由平等；並且，在國內也掀起了，人與人之間的權利，法律之平等。可是，卻很少有人注意到個人之內在自由。

我國經過百年的奮鬬與爭取，得到了什麼呢？不但國家民族無法在世界上，以文化大國的風度，與人談自由，論平等，就連獨善其身的基本自由，以及基本的民族意識，都丟光了，給西風捲走了。

今天，在中華民國臺灣省的「個人」，難道不是被許多「自由主義」，甚至「放任主義」的論調所瀰漫？美國裸奔的放任主義之風不是兩天之內就登上了本島？尼采的瘋狂，沙特的荒謬，所帶來的思想汚染，尙未澄淸，行爲主義，扁平心理學理論的煙幕又已籠罩了整個自由寶島。

從自由主義到個人主義，再到男生蓄長髮，到裸體奔跑；以及從行爲科學到宣布人類無自由，再從無自由到無責任的學說；都祇有一個共同的目的：那就是「放任」。

你敢剪掉我的長頭髮，我就寫文章駡你迫害；

你敢指出我思想的荒謬，我就扣你職業學生的帽子；

你敢揭發我的無能，我就給你加上批評上司的罪名。

同樣，在自由中國的社會，在經過多次的失敗教訓之後，整個民族都生活在「自卑」的情緒中，再加上大衆傳播工具的喧染，日夜不停地在叫：

「美國口味！乖乖！」

「歐洲風味！乖乖！」

以這種「自卑」上再加「自卑」，「崇洋」上加上「崇洋」的基礎教育，來拐帶着黃帝的子孫，叫他們長大後出國，第一件大事就是申請綠卡，準備入美籍，還不夠；甚至，其對象已轉向各家的家庭主婦，以愚民政策的方式，無孔不入，闖進了厠所：

「舒潔衞生紙！」

在這個國家民族存亡之秋，竟有不少士大夫瞧不起自己的傳統文化，瞧不起自己的膚色，羞於用屬於自己的中華民國護照。

這難道是自由嗎？

自由主義的口號又應該如何叫法？

自由的意義就單單在於：一個學有所長的學者，可以自由地丟下培養自己半生的祖國，而去為別人服務？

自由的意義就祇在於：用不着再花工夫去念四書五經，從小就跟着「鵝媽媽」學英文？

三、自由與自由主義在當前的意義

就在個人的自由急於出國，入美國籍；國家民族的自由講臺獨，講認同，講變成美國一州的次殖民地；民族自尊快要絕滅的時候，我們不禁要問：我國百年來對自由與自由主義的體認難道不夠嗎？難道瞭解錯誤嗎？

從這些問題出發，我們上面所述及的「自由與自由主義的歷史演變」，以及「自由與自由主義的內在涵義」，似乎不足以回答上面的問題。要回答我們對西洋的認識是否足夠的問題，還要看看我們目前的作法，是否和西洋正統的自由和自由主義的理想吻合？抑或祇是檢來人家的糟粕，學了人家的學說末流？

從十八世紀到二十世紀，「自由」是西方世界所關心的重大課題，都以為它是人性的根本權利；它確曾是人類夢寐以求的輝煌理想；但是，我們也不可忘記，它也為人類帶來了無數的罪惡和痛苦。

杜威在「自由與文化」中說過：「自由的代價是永久的警惕。」（註二六）馬寧樞機也說：「大革命所給的自由，是餓死的自由。」（註二七）法國大革命時，走向斷頭臺的羅蘭夫人曾大聲疾呼：「自由！自由！天下多少罪惡假汝名而行！」（註二八）

自由主義像一條長河，其發源之初，只有一條小小溪流——這可比作人性原來的純正自由，它是攸和的，沒有大衝擊，沒有大變化。但是，源流越長，支流就越多；支流有清有濁，後來發展成長河時，清濁混流；自由之情形也是如此，漸漸會變成自由主義口號，剝奪人家的自由要比賜與人自由更多。（註二九）

我們且看當前在臺省的自由及自由主義思想；筆者把它分成下列四種類型：（在這裏，我們暫且不談那根本無任何自由可言的「集體主義」的大陸暴政！個人浮沉在集體海洋中，不見屍首；我們也不必去談那些把人當作白老鼠看待的某些行爲主義者，在根本上挖自由之牆根，以爲「環境可以支配一切」的謬論）。

（I）沒有自由的自由主義者：是指那些內心充滿着未經疏導的情緒，自己根本無法「回歸自己本身」，不能把握自己，無法做自己主人的人。他們是自己情緒的奴隸，因而我把它稱爲沒有自由的自由主義。他們本身沒有自由，可是要叫自由主義的口號。譬如說一個人自己反對宗教，因而大捧尼采，大捧沙特，以他們的理論來發洩自己的情緒。上課時捧着尼采的中文譯本，口中念着：「啊！尼采！」雙膝一軟，就要下跪。

這種人最容易受謠言的煽惑，而成爲下一種類型：

（Ⅱ）別人的自由主義：常聽有謠言說：某某人因說錯了一句話，就被捉進去了！某同學編輯文稿，有一篇來不及送審，結果被學校記了一個大過！等等傳聞，不一而是。這種「別人的自由主義」者，心志本很高超，富正義感，想打抱不平，就是缺少一些實證的精神，喜歡製造一些假想的敵人，爲了衞護原則性的自由，而攻擊一切不合理。可是，問題就發生在，究竟誰在迫害誰？誰的自由被侵犯了？警察把長頭髮剪去，是迫害了留長髮的人？還是留長髮的男人先破壞了地方習俗，而警察是爲了大多數人不被迫害而剪人家長髮？公共汽車上禁煙的牌子，是迫害那些抽煙的人？還是在保護大多數人的健康？

站在犯法的人的立場，總會覺得法律在迫害他們，若能公正一點，站在更寬更廣的人道立場來看時，就知道「別人的自由主義」者所可憐的對象，畢竟是「個人主義」的成份，強於公共道德的規範。

（Ⅲ）個人主義的自由主義：兄弟剛回國教書時，第一個星期就參加了一個座談會。會中一位同學問及個人是否可以自殺的問題，同座的一位年輕同事立刻接口說：當然可以！我是我自己的主人，我有完全的自由處理我的生命問題，我活得不耐煩時，就可結束它。

這位同事很顯然的過份強調了自由的內涵，而完全忽視了自由的外延；即是說，他太注重個人的權利，而忽略了個人在羣體中的義務。一位大學裏的青年，受了多少人的愛護和關心才到今天？父母的撫養，國家社會的教育，這一切的賜予難道不在指出：一位青年人還有遠大的前程，他對家庭，對社會應當貢獻自己所學，以不負人們對他的期望？

生命的意義有時不在生命自身，而在於他的權利和義務並重的關係上。個人主義所犯的最大錯誤，就在於看每樣事物時，祇看到它的孤立的內涵。

雖然，在談自由主義時，我們反對個人主義，卻不因此就贊同集體主義。因爲集體主義的根本信條是：個人沒有獨立的存在，他唯有在集體中才有意義。這種與個人主義完全相反的論調，其錯誤也恰好在另一層次，那就是太注重事物的外延，而完全忽視個體的內涵意義。在集體主義的自由主義國家中，個人的存在顯然地被淹沒，而喪失在另一個「個人主義」的層次中。

(Ⅲ) 放任的自由主義：放任本是個人主義的直接效果，以爲「我要作什麼，就做什麼」，有絕對的肯定意義。他們會視一切律法的限制，都在迫害他們；甚至一切的規定都在違反人權。當然，世上這一類信徒並不多，原因是稍爲有頭腦的人都會承認：眞正自由國家的車子是可以自由行駛的，但是，必須遵守當地的交通規則。

上面提到的四種「自由主義」的型態，正是西方十九世紀的末流，也是我們當前要談自由以及談自由主義時，所必需口誅筆伐的假自由。因爲，如果你今天不站起來，指出它的錯誤，它明天就要以更堂皇的面具，來拐帶你的子孫。

談到這裏，問題已經漸漸地明朗；原來，自由或自由主義課題中，主要的不是「有沒有自由」的問題，而是「我們對自由的態度」，「如何利用自由」的問題。或許，更進一步，「如何利用自由來建構我們整體的人生觀」問題。

目前，最迫切的問題是：「如何發揮我們僅有的自由？」在物慾享受的重壓下，在自由主義的風潮在世界各地，不斷地興起放任主義的效果下，在自身已無法確知自己的價值屬於何方的紛亂中，我們如何做一個「回歸自己本身」的自由人？我們是否先要靜下心來，安定自己的情緒，控制自己的欲望，使其不離常軌？使自己能夠做自己認爲合理的事，使自己能夠做自己認爲該做的事？

然後，就在自己成爲「自己的主人」之後，在自己能夠一方面「隨心所欲」，但同時又能夠使自己的行爲「不踰矩」之後；在自己能夠一方面完滿「我要作什麼，就做什麼」的良知指導，另一方面又能夠完滿「我要作什麼，就偏不做什麼」的情慾傾向之後，做一個好國民，認清自己與鄰人的關係，認清自己對別人的義務，認清自己民族的優秀及其文化傳統，而從心裏體會出：

「爲國捐軀，不是失去自由，而是完成自由。」

「戰士爲國家戰死，不是失去自由，而是在爭取自由。」

以德國哲學家費希特當年鬪拿破侖的精神，先認清自己民族的優秀，先自己給自己壯膽；然後認清「自由的個人，是自由社會的元素」，而不是反過來，以集體主體的假民族主義的精神，先用自由主義的革命方式，求得國家的表面自由，而忽略了每個國民的生存自由權利。這末一來，爲了拯救國家民族，每個國民先追求自己內在的自由，先做一個能控制自己的「自由人」，然後才能阻止從自由主義走進個人主義，或走進放任主義的危機；消除了個人主義的自私，同時又消除了放任主義的爲害社會羣體，個人才能夠發揮其才能，站在國家民族立場，爲國家民族去爭自由，爭平等。在這種構想下，祇有犧牲個人，成全國家的忠烈例子，而不會有賣國求榮的漢奸出現。

羣體中的每一個個人都有內在的自由之後，國家社會的自由才落實；在有自由，能控制自己的個人羣中去發展自由主義，來爲國家民族求自由、爭平等，才有意義。

在爭取整個國家民族的自由動向中，當然要注意到民族生命、文化命脈的繼續發展。當年費希特時代的德國，民族的自卑和崇拜法國，幾使德國自願屈服在拿破侖鐵蹄下；甚至當時的士大夫階級，也在談「認同」，以學習法文爲當務之急。費希特終於在「文化」的運動中，引發了反對法國的運動，首先爭取到民族獨立，拯救國家的滅亡的厄運。

而費希特的這種「民族運動」完全以教育哲學的方式下進行；趕走拿破侖不是用軍事、經濟、政治或其他的力量，而是用文化，用民族精神的教育，團結了德意志民族；拿破侖當時無論在軍事、經濟、政治上那一方面，都可壓倒德國，唯有教育和民族精神上失敗了。後來的德國，由於希特勒的瘋狂構想，發動了侵略戰爭，加上尼采的偏狹的民族主義思想，導引出德國的滅亡。但是艾登諾總理畢竟又把西德復興，甚至回復到比以前更進步的一個現代化國家，這又是用了什麼方法呢？

第二次世界大戰結束後，西德沒有軍事、政治、經濟的自由，艾登諾衹把握了教育，而在國民教育中，給國民灌輸了民族意識；雖然當時的德國，已經沒有健壯的男人，有的衹是戰敗的士兵，和由集中營出來的殘餘，還有就是那些死了丈夫的寡婦，和許多嫁不出去的處女（戰後德國男女比例是一比六）；艾登諾就利用這些條件，復興了西德，能不算奇蹟？

其最終的原因在那裏？不是在教育中每一位國民的民族意識？不是在每個國民自身都能控制自己？對自己有信心？國內的專家學者有那位把自己國家當跳板，學成後去新大陸淘金？

在談及國家民族的自由時，最基本的條件是民族意識，這是內在自由的基礎，沒有它，一切的自由或是自由主義都將是空談。

沒有民族意識就沒有自由，沒有自由就終有一天成爲人家的殖民地。

以德國復興當作一面鏡子，來照照我們自己，恐怕會發現自己的病情嚴重。臺省二十多年來，有軍事，有政治，有經濟，有外交，一切立國的外在條件都足足有餘；但是，爲什麼許多專家學者寧願專任國外？爲什麼連小孩子就做夢遊美國？爲什麼國立大學成了人家的先修班？這一切都要問問「教育」？從大衆傳播的「美國口味乖乖」起，一直到對一些回國學者的過份優待止，那裏發展了民族精神教育？留學生出國了，心裏有沒有可能回來的打算？回來能做什麼？一教育行政權的旁落，委實是民族的一大悲劇；基本教育沒有灌輸民族大義，而宣傳了崇洋心理。自由的內涵已經喪失了，難怪許多「有辦法」的人，離開了多難的祖國，情願寄人籬下，追求自身一己的自由和享受，享用一些不是自己祖先、更不是自己所努力爭取來的自由。

這種佔別人便宜，以及沒有民族意識的自由主義者的出現，我們就不難想像到大陸正在批孔揚秦，更不難相信他們已丟棄了孔孟，而與蘇俄爭取「馬恩列斯」的直系子孫地位。反過來，我們這裏又何處有孔子道或孟子路？有的豈不是羅斯福路和麥克阿瑟公路？

個人自身的內在自由要自己不斷的「修練」，可用羅馬人的「我要作什麼，就偏不做什麼」來修成自己。

個人外在的自由則必定需要自己的國家民族的自由作保障，「寄人籬下」的自由是哈吧狗的自由；哈吧狗在主人牽着牠出去散步時，就自以爲離開了狗屋，已經獲得自由；而且，當主人手中的繩子稍爲放長一點，牠就以爲自己有了更多的自由；而且，更主要的，牠從心裏相信：那條繩子是自己自由的保障。

國家民族的自由來自國家民族意識，國家民族意識來自教育。

作者曾居留奧地利四年，發現奧國之所以不被四隣的經濟、政治等等所威脅，發現此阿爾卑斯山脊國不致於滅亡，全靠教育對國民自信心的鞏固。地形狹長，全部山地，冬夏氣溫差距幾達攝氏六十度（銀色堡冬季常在零下三十度），一切建設都極其困難；東隣共產國家的外交宣傳，西靠富強的瑞士，北面有歐洲最繁榮的西德，南部有優秀民族的意大利。奧國沒有任何條件活得下去：在瑞士的理髮師只要工作一星期，收入就比在奧國一個月爲多；奧國教授在大學中教一個學期，才有德國教授一個月的收入；工人在瑞士工作一天，在奧國就必需有一星期的努力才能換取相當的工資。奧國人爲什麼不出國？是否有移民的困難？出入境根本沒有手續！邊界揚一揚身份證便可。但是，筆者發現，奧國有一種根本的教育方法，那就是全國的大衆傳播工具，在每天下午六時五十五分開始爲孩童廣播，祇以五分鐘時間，告訴他們身爲奧國人的榮幸。在這五分鐘時間內，所有小孩都穿睡衣躺在床上，準備入睡；（這也是體能教育的一種，晚上在街上絕看不見小孩，否則父母會受到處分）廣播中最後必有一句「沒有歐洲就沒有世界，沒有奧國就沒有歐洲！」讓全國的幼小生命，在入睡之前帶着民族意識進入夢鄉。顯而易見的，他們長大後，不會離開貧困的祖國，到國外去享受榮華富貴。

「沒有奧國就沒有歐洲」的大言似乎沒有事實根據，但是，它卻是奧國之所以站得穩的支柱，是民族信心和民族意識的根本來源。奧國國家民族的自由，就保障了國民的自由，沒有奧國人在國外做哈吧狗。

「教育──→民族意識──→國家獨立──→民族自由──→個人自由」是一種自由主義的公式。民族意識強調了個人與國家民族間的相互依存關係；唯有國家民族有獨立自由之權，個人的生命、財產、自由才有保障。

在結束本篇之前，兄弟請就全篇體系的綜合，羅列一張圖表，表示個人對「自由」和「自由主義」的全面看法，尤其指出「自由」之最完滿意義，對全世界、全人類之關係。

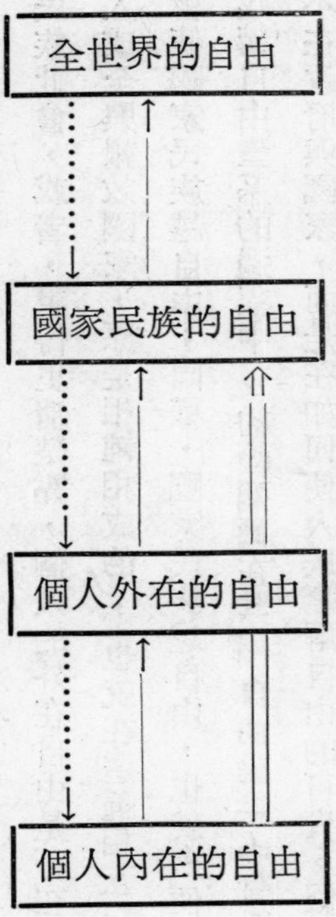

單線箭頭表示基層架構的順序；虛線箭頭表示自由的因果循環；雙線箭頭是條跳躍的指標，表示個人有時因了特殊情況，可以且必需犧牲自身個人外在的自由，以求獲得國家民族的自由。

今依序略述此圖表之含義：

㈠個人內在的自由：這是一切自由之根本，沒有它做基礎，上面建構的自由或自由主義，無論理論上多末堂皇富麗，都會如泥土之宮，很快倒塌。這種個人內在的自由上面已討論過，要「把握自己」，是屬於精神的自由，是不役於物，但可役物的自由，也是不受情緒控制的自由。這種自由的最高境界，就是孔子所說的：「七十而從心所欲，不踰矩。」

在把握住自己之後，對外來的讚美或漫罵已能控制自己。「把握自己」的功夫是要自身不斷的鍛鍊，不斷的修習；可用「吾日三省吾身」的方法，不斷的上進，不斷的改善，做到「上不愧對天，下不愧對地，中不愧對人」的境界。這末一來，這種把握自己的工夫，不就等於「修身」了嗎？豈不也等於西方中世所要求的「不犯罪」嗎？豈不也是羅馬時代的「我要作什麼，就偏不做什麼」嗎？眞的，「自由」的獲得也確是人性的完成，自由的人，必需是像莊子的大鵬，能一飛沖天，擺脫人世間一切束縛，而「上與造物者遊」的眞人、至人、神人。

就在「成己」的發展過程的同時，發現自己存在的本質不但要「獨善其身」，而且要「兼善天下」；於是人與人之間的相互平等的問題參加進來，個人的權利與義務並重；在個人要爭取自己在社會中的平等地位，而對自身的外在自由要據理力爭時，就有了一個最根本的原則，那就是這種個人的外在自由，是否與自己的鄰人的自由相互尊重，也卽是說，是否個人的自由來自屬於自己的民族社會，或者，說得更清楚點，個人的外在自由是否在發揚國家民族的自由。

個人成全與報效國家，原是相輔相成的，也就在這種相互交替的發展中，個人的自由越發展，就會使國家民族越自由；同樣，國家民族越自由，也就會使個人更能發揮自由的潛力。

在建構自由體系的過程中，約翰彌爾在其「自由論」中曾說過：「一個自由社會的最大困難，還不在政府與國家，而是在如何使人民瞭解自由的可貴。假使人人對社會若干與個人自由的分界線，有了淸楚的認識，那末社會就容易維持繁榮與安定。」（註三十）

個人內在的自由不但使其能夠把握自己，能夠「我要作什麼，就偏不做什麼」，而且要他認清自己的責任，對自己、對國家民族應盡的義務；在認清自己的責任後，就必須做到「我要作什麼，就做什麼」的決心。

㈡個人外在的自由：個人自身有了修身的基礎之後，對自己本性的一切必需就會瞭如指掌，知道自己是萬物之靈，可以統治世界，可以利用世界的一切資源；有物質生活的各種必需，也有精神生活的各種必需。換句話說，他開始瞭解自身的尊嚴的要求下，有權利要求過一種適合於「人性」的生活，無論是物質的，或是精神的，他都有天賦的權利，不容許任何人，藉個人名義，或藉集體名義，甚至法律名義，來剝奪他的這種權利。作爲一個「個人」，就有居住、言論、結社、生命、財產等等的天賦人權，每一個「個人」與別的「個人」之間，在這些天賦人權上，都「天生而平等」。這就說明了個人在人與人的關係中，有一種基本存在法則，那就是權利與義務並重；權利是：可爭取自身作爲一個人的尊嚴生活條件，義務是：在爭取自己的幸福時，要顧及別人，不可把自己的幸福建立在別人的痛苦之上。

個人對外在自由的爭取，也就是每個個人在社會生活中的自覺，自覺到自身的存在與尊嚴，在自覺到自身有責任保護這種存在與尊嚴。可是，祇要外在的自由一天不存在，內在的自由也會受到摧殘，集中營中的生活，勞改營內的人民，整天在體力的不眠不休的工作中，精神在不斷的迫害中，內在的自由亦無法完成。祇要外在的壓力一天不去掉，個人自由就無法實現。「人性」的整體性，含內外的各種因素而構成，缺一不可；各種因素中，雖有高下尊卑之別，但是都會相互影響，而成一不可分之整體。

㈢國家民族的自由：在對個人自身內外自由都有了相當的認識之後，就要推廣到「大我」的範圍中，首先就是國家民族，可以說是由自然之血統、語言、風習等，所構成的一體。這整體性的組織雖不一定完全由自然而來，也可以滲雜一些人為因素；但是，主要的還是由於這整體的自由，一方面既是全體國民個人內外在自由的綜合表現，另一方面則亦在保障和衞護每個國民的自由，使其在固定的時空中，免除各種外來的威脅；或者，更主要的，國民對自由的體驗亦需要國家民族的教育，使其在這種特定的文化背景中，陶冶出內心自由的「個人」。因而，這種國家民族的自由，是要用自由主義的行動來爭取，來衞護；它應該與其它在世界上的國家民族平等，擁有文化、教育、領土、主權，以維持其歷史文化，並加以發揚成為現代化國家；在精神生活上樹立各種適應於該民族的文化體系，包括文學、哲學、藝術、宗教；在物質生活上建設各種現代化但不與高尚文化相違背的一切物質享受，包括一切衣食住行的舒適生活。一個國家為了使國民有以上的生活水準，有權利選擇任何一種政治制度，縱使與別的國家民族相異的制度，別的國家也不可干涉；除非一個國家施行暴政，剝奪了國民的生存權利，使生靈塗炭，國民羣起革命，可藉助友邦的援助外，其內政事務必需有完全的自由。

就在於國家民族的自由條件下，國家立法單位有權利也有責任劃定自由的範疇，在必要時，能透過司法機關強制一些被認為「放任」的自由主義；國家為了大多數國民的利益，可以且必需限制某些人的自由。

在國家民族的自由遭受到內憂外患時，國民就有責任爲了「大我」的利益，而犧牲小我，犧牲自身個人外在的自由；此卽是圖表中雙線箭頭所表示的跳躍情形：個人有了內在的自由之後，也就會意識到自身的自由應由國家民族來保障，爲了更多人的自由，爲了更多人的幸福，個人就值得犧牲自己，因爲，「祇要國家民族一天不自由，個人的自由就是假的」，至多亦等於哈吧狗的自由。

個人的這種責任，早在人類歷史中屢屢出現：警察爲追捕盜匪而殉難，軍隊爲平內憂、禦外患而戰死沙場，都是此種課題的榜樣。

基督宗教在開始三百年期間，都是由無數不知名的信徒以生命和鮮血，換取了宗教信仰自由，故宗教中有句：「殉道者的血，是信徒的種子」；我們在這裏也可以說：「烈士們的血，是國家的基石」。

㈣全世界的自由：在每一個國家都有了自由之後，進而就要共同衞護世界的自由與和平。正如一個國民爲了國家整體的自由要節制自己的放任，世界上每一個國家爲了全世界的自由，也要放棄一己的某些不公平的權利，像殖民主義是。

爲了不使某一個國家「放任」，侵犯別國的權利，擾亂世界的安寧，應該有世界組織：正如個人爲國家的單位一般，國家也如單位一樣，參加在這一組織之中。聯合國最初建立的理想亦在此。這種組織因爲是世界上最高的一個組織，故應完全主持正義，保障每一個國家——縱使是最弱小最落後的國家的自由；聲討那些違反人權，違反人性，無論對內奴役國民，對外發動侵略的國家——縱使是最強大最有勢力的國家，也應由這超國際的組織去討伐。

不幸的是，這種世界組織的聯合國近年來竟陷於只知強權，不識公理的深淵中，而且亦在講利害關係，失去了是非觀念，形成欺善怕惡的一種國際組織，聯合國憲章已經徒具空文。

若每個人靜下心來，查考一下，爲什麼「全世界的自由」受到了迫害？而同時在世界自由在危機時，在某些國家中還存在着大談自由，大肆放任的人？站在剛才的圖表構想來看，很顯然的，是失去了底層的基礎。高樓的倒塌，總是起因於地基出了問題。原來，個人是一個獨立的單位，他首先要有自己內在的自由，然後才談得上做一個好國民，做好國民的才能爲人民公僕，掌握國家大權；而從國家進展到國際組織時，還是這「自由的個人」去治理這種國際間的大事；現在，假使在國際組織中，每一個成員都有「個人的內在自由」，都知道是非對錯，則顯然的，就會依着憲章行事，極力保障世界之自由與和平；但假使許許多多的組織成員，個人自身修養不夠，離「做人」還有一段距離，再把世界交到他手裏，其悲慘的結局可想而知。

個人的自私和放任，會危害國家；一國的自私放任，也會危害到全世界。一國的領袖自私和放任，國內會生靈塗炭，世界組織的領袖（通常指一國）自私和放任，整個世界就動蕩不安。

目前動蕩不安的世界，不能不把責任歸罪於聯合國，聯合國的不健全，又不能不歸罪於領導聯合國的國家；領導聯合國的國家縱使外表看來健全，而其中構成份子的自由放任表現，又不能不說，他們在缺乏最最基本的「個人內在的自由」。

美國總統艾森豪說過：「只要自由尙在世界的任何地方受到壓制或威脅，爲爭取自由的奮鬪就絕不停止。」（註三十一）

我們也要針對這種信心，說：「我們的目標是全世界的自由；但是，當今的絕大需要是我們的國家，我們的民族，祇要它一天不自由，我們就一天不停止奮鬪，我們就要一天把自己奉獻出來，除內奸，禦外侮，爲國家民族爭生存，爭自由。」

但是，爲了這一切，我自己必須先是一個內在的「自由的人」。

我們的方向是「全世界的自由」，我們的中途站是「中華民族的自由」，我們的方法是：「修身、齊家、治國、平天下」，萬古常新的哲學途徑。

附註

註一　參閱 Platon, Phaid. 75a, b.

註二　參閱 Platon, Politeia I, 350b.

註三　司多噶學派，即 Stoics 亦名畫廊學派，因其學說之始出自羅馬一畫廊 Stoa，此派由 Zenon Kition 所創，時爲紀元前三世紀。

註　四　伊彼古羅派卽 Epikureer，由 Epikuros Samos（314-270 B.C.）所創。

註　五　奧古斯丁 Augustinus（354-430 A.D.），關於自由問題，著有：De libero arbitrio（388-395）論自由意志，也兼論惡的起源。

註　六　「若我墮落，我卽存在」譯自拉丁原文 Si fallor, sum原典出自 De Civitate Dei XI, 26.

註　七　聖多瑪 Thomas Aquinas（1224-1274）所分「人的行爲」Actus hominis 以及「倫理行爲」Actus humanus（本爲人類行爲，但因本文「人類」意義包括過廣，故暫用「倫理行爲」譯出）。

註　八　「回歸自己本身」譯自 Reditio in seipsum原典出自 S. Th. I. p. 83, 3.

註　九　「大憲章」卽 Magna Carta。

註一〇　洛克 John Locke（1632-1704），英國經驗主義哲學大師。

註一一　伏祿泰爾 Fran-cois-Marie Voltaire（1694-1778）；盧梭 Jean-Jacques Rousseau（1712-1778）；二人皆法國啓蒙運動推動者。

註一二　參考 Guido de Ruggiero 著 The History of European Liberalism, transl. by R. G. Collingwood, Boston, 1966, pp. 158-191.

註一三　康德 Immanuel Kant（1724-1804）德國大哲學家。

註一四　費希特 Johann Gottlieb Fichte（1762-1814）德國觀念論大師，在政治哲學和教育哲學中，著有「告德意志國民書」Rede an die deutsche Nation, 1807.

註一五　霍布士 Thomas Hobbes (1588–1679)英國機械唯物論者。

註一六　史賓格勒 Oswald Spengler (1880–1926)，德國自然主義的生命哲學家，著有「西方的沒落」(Der Untergang des Abendlandes) 一書。

註一七　柏格森 Henri Bergson (1859–1941) 法國生命哲學家。

註一八　胡塞爾 Edmund Husserl (1859–1938) 德國現象學大師。

註一九　杜威 John Dewey (1859–1952) 美國教育哲學家。

註二〇　參閱 B. F. Skinner, Beyond Freedom and Dignity, New York, Alfred A. Knopf, 1971.

註二一　參閱 John Hospers, Free will and Psychoanalysis (1950) in Herbert Morris, Freedom and Responsibility, Standford Univ. Rres 1961, p. 464.

註二二　海德格 Martin Heidegger (1889–1976) 德國存在主義大師，所稱的「共同存有」(Mit-Sein) 與「在世存有」(In-der-Welt-Sein) 相對。

註二三　參閱 J. Salwyn Schapiro, Liberalism: Its Meaning and History, Princeton, N. Y. 1958, pp. 9–16.

註二四　邊沁 Jeremy Bentham (1748–1832)；彌爾父子 James Mill (1773–1836) John Stuart Mill (1806–1873).

註二五　格陵 Th. H. Green 牛津大學教授，參閱高亞偉著「近代歐美自由主義思想的變遷」一文，政治評論第一卷第七期第二〇頁。

註二六 John Dewey, Liberty and Culture, 其意義解釋請參閱楊華同著「論自由的問題」，民主評論第十六卷第四期，第十四頁，民五四、二。

註二七 參閱趙雅博著「談自由主義」，政治評論第三卷第七期，第二八頁，民四十八、十二。

註二八 參閱高亞偉著「近代歐美自由主義思想的變遷」，政治評論第一卷第七期，第二〇頁，民四十七，十二。

註二九 參閱楊華同著「論自由的問題」，同上第十四頁。

註三〇 參閱高亞偉著「近代歐美自由主義思想的變遷」，同上第二十一頁。

註三一 參看一九六〇年二月八日華盛頓，美國新聞處電文。

——中華民國六十三年三月廿四日講於臺北——

從「當代思潮看中華文化」大綱

以當代思潮文學作品之虛無主義以及悲觀主義爲經，以國人目前崇洋心理爲緯，刻劃出民族主義在今天之需要，從而以西方二十世紀學術界之覺醒，尤以奧地利之立國精神，以及西德之復國方法，指出民族意識教育之重要，並提出若干補救之道。

本講材分三大部份：

一、當代思潮：

㈠崇洋事實。

㈡虛無主義。

㈢西方十九世紀後半期末流思想之入侵。

㈣虛無主義在中國。

從當代思潮看中華文化

各位先生！各位女士！

兄弟今天很榮幸，有機會和諸位探討這個非常重大的題目。這個「從當代思潮」看「中華文化」的標題，至少指出了三種思路：一是當代思潮，二是中華文化，三是中華文化與當代思潮的關係，而且是站在當代思潮的現象上，去窺探中華文化的前途。

問題的重心很顯然的，就落實到中華文化的存亡問題。百千年後，「中華文化」、「中國人」、「中國文字」是否會像埃及？或是滿清？祇在人類歷史中佔有一點「考古」的價值？或是相反，而促成了世界的一種新文化，而使我們的後代子孫，都以祖先的光榮歷史以及努力和成就自豪？或者，在我們的子孫中，不再承認自己是中國人，不再利用自己固有的方塊文字，甚至羞於講自己的「媽媽的話」？

當然，一提到「文化」問題，馬上就顯示出千頭萬緒，剪掉滿淸留着的辮子，胸前掛起洋人的辮子（領帶），算不算是違反了傳統？早餐時不再吃燒餅油條，而改成牛油麵包，算不算對固有文化不忠？

在這裏，我們必須先界定「文化」爲「特殊文化」，提到「中華文化」就指謂着中華民族生於兹，活於兹的獨有表現；而不是所謂的「普遍文化」一類的科技，誰學得到，就做得到的人類文明產品。「特殊文化」當是一個民族心靈所繫，而表現在整體生活的現象中。

因此，中華文化的前途問題，需由恆久之心，持續之力，利用形上學的深度來探討，在這幾十分鐘的討論中，根本無法把問題展開，更惶論指出某種結論了。因而，兄弟在這裏，所能給各位交待的，祇是一些生活習慣的小節，希望在這些小節的現象背後，看出「當代思潮」的核心，找出「中華文化」的精髓，展望「中國」的前途。

好在目前大力推行中華文化復興運動，許多前輩們早就編纂了廣大悉備的體系，以最具哲學性的言論和著作，整理了我國固有文化的種種，兄弟也就在此人性遭受考驗的日子裏，把體系的建立拱手讓賢，而祇希望在文化沙漠，培植一些小花小草，透過生命過程中的點滴，去探測中華文化的前途。

一、當代思潮

在我們四週經常接觸到的事實中，造成非常時髦的一種傾向，便是大衆傳播工具的反應。在這些下意識的探討和分析的現象看來，最先要被提出的，是「崇洋」事實；而「崇洋」的背景當然是「自卑」；「自卑」的形成，全在乎「虛無主義」思想的入侵。

⑴崇洋事實：且不談衣食住行上的各種科技上的西化，而專門要着重的，是心靈態度的轉變。兄弟五年前回國教書，電視上的卡通影片是必看的節目，那時和現在一樣，放一分鐘影片，接着就是三分鐘廣告；影片看過後倒非常快使人忘記，可是那「美國口味乖乖」的廣告，卻是非常攻心的；小孩子白天看見「美國」，心嚮往之，晚上做夢也會夢見在美國淘金。

廣告是商人「賺錢」的一種手段，本來無可厚非，可是，若用這種方式來拐帶人家的子女，則似乎有點太那個。

一年之後，「美國口味乖乖」過時了，「歐洲風味」又應運而生。兄弟沒有跟着哥倫布的航道，參觀過新大陸，也沒有嘗過那邊的口味，因而對「乖乖」祇敢抱懷疑的態度，不敢提出反對的意見，但是，兄弟卻能以在歐洲七年的經驗，保證「歐洲風味」絕不是「中國風味」的對手；因而開始在言談中，指出這種「崇洋」的大衆傳播方式，是民族主義的敵人。

「歐洲風味」剛過去不久，「崇洋」的玩兒自覺把小孩子騙夠了，於是更進一步，向家庭主婦進攻，把宣傳攻入廁所，這就是「舒潔衞生紙」的廣告。「因爲它是美國技術做的」，就成爲家庭主婦用舒潔的唯一理由。設計廣告的人，不曉得是諷刺還是奉承，因爲祇要人一思想，就會發現，連揩屁股的技術也得向洋人學習了；再則，節目主持人也忽略了一種事實，那就是：紙原來就是中國人最先發明，做紙的技術也從中國開始。

可是，問題不在於這些「崇洋」事實，而在於「爲什麼」會發展到目前「崇洋」的地步。別人的「好」，對別人的嚮往，就顯示出「自卑」的心態。中華商場夜市打着「外銷」貨品的牌子，就是把握住顧客的「崇洋」意識。國喪開始幾天，大衆傳播工具絕大部份節目都要停頓，「鵝媽媽敎英語」則是不能偏廢，這不表示「下一代」的文化意識，在幼稚園的階段，已經種下了「媚洋」的種子？

「崇洋」、「自卑」、「媚外」是成正比的。

站在哲學「爲什麼」的問題上去看，這些現象的背後，就是「虛無主義」的末流思想在作祟。

(2)虛無主義：西方自十九世紀後半期始，由哲學的混亂，助長了文學的悲觀色彩。文學作品對人性的影響，比哲學思想來得更爲直接，尤以獲得諾貝爾文學獎的作品爲最。諸位若對人生起了什麼懷疑，或是自覺到某種程度的迷失，不妨向海明威請教，不妨向沙特，向卡繆討主意；所得的答案，擔保是「買根繩子上吊」，虛無主義的色彩，佔據着各種悲劇性的文學作品，潤飾着各種荒謬的人生描述，像存在主義大師沙特的作品，不是父親在外金屋藏嬌，就是母親紅杏出牆，再不然就是做兒子的，爲了報父仇而殺死了親生母親。日本的川端康成得到諾貝爾獎金了，他能解決自身的生命意義嗎？我國不也有一些作品在怨嘆着「風呀！雲呀！」的，給人生灌輸一些失意的思想？而電影界不也爲了票房收入，而大拍這種文學作品的片子？

諾貝爾文學獎就像電視廣告一般，使虛無主義的思想佔據着無數的善良心靈。

人生是悲慘的，人性是悲觀的，人生沒有意義，人生沒有出路，這種思想就透過諾貝爾文學獎，泛濫着二十世紀的思想園地。

西洋的這種虛無主義，像前些日子的「裸奔」一般，像八仙過海的神通似的，漂洋過海，登陸了寶島臺灣。

可是，我們在接受這些思想以前，有沒有靜下心來問一問：這些得過獎的文學家，自身能否解開生命之謎？或是他們本身正在迷失之中，顯而易見的，跟隨着以盲導盲的人，就會迷失上加上迷失。

主體性的失望和絕望，內心的苦悶，如果不是在自身之內尋求化解之道，就必然會走離問題的重心，不再關心心靈的深度，而把注意力轉移到物質層次；以數理平面的「靜」的解釋，希求以代替主體的「動」的人生層次。二十世紀的邏輯實證論就是最好的例證。

這種「靜」的宇宙觀，配合着數理法則，固然大有公式可循，而公式化之後的結果，又極適宜於西方近世以來的理性主義高潮，以清晰明瞭的姿態，以科學口號，侵入了哲學領域。如此，靜的宇宙觀以及對物質的追求和把握，就成了時髦的東西；在人類文化的內層，也能搖旗吶喊，擾亂着人性的安寧。

但是，這種「靜」的宇宙觀是眞的靜止的嗎？它固然禁止着人性對形而上的價值追求，但是，對世界的嚮往卻一直在大力提倡，尼采說的：「弟兄們！對地球要忠誠！」就指謂著對形而下的仰慕。

人、獸、物三階層的混同，所最先引起的，就是虛無主義，就把人性在此世安身立命的根基挖掉。難怪一位本屬哲學圈子的人，一旦迷上了數理法則，就旣無視於形而上的光榮，又忽略人間世的倫常。這種消極的主張倒爲文化無甚大害處！主要的是當他一旦接觸了馬克思主義的辯證法，立刻就以爲是沙漠中的綠洲，而屈膝下跪，奉爲神明。尤其此地近來文化發展的畸型，對諾貝爾文學獎的崇拜，以及科學主義的高唱，而忽視了精神領域的深度探討，世界上有那一個國家的最高學術機構，沒有傳統文化的哲學，同時亦沒有建國立國的思想？像我國的中央研究院，旣沒有哲學思想做基礎，又沒有三民主義的政策。

國家士大夫階層失去了民族意識，又有誰能彌補這空缺？

(3)唯物思想：上面所提的「虛無主義」的源頭在那裏呢？這就不能不回溯到西洋精神思想發展中，十九世紀後半期的思想末流。原來，西方自黑格爾死後，思想界頓成混亂狀態；精神價值被無情地否定，代之以興的是：法國的實證主義，德國的唯物主義以及共產主義，英國的功利主義，美國的實用主義。這些主義都已相信「科學萬能」，把希臘的人道主義，把中世的博愛思想，都拋諸腦後，而把上天賦予的各種優越條件，用來奴役有色人種，用來發動帝國主義的侵略。

從人與人之間失去了仁愛開始，一直到哲學思想的反人道、反人倫，甚至助長了各種的戰爭、殘殺，尤其是在六十年代開始的學潮、刼機、吸毒、墮胎、罷工、綁架等，都在顯示出：唯物思想在忘卻了精神價值之後，人類必然走向瘋狂的命運。

從根上丟棄了精神價值，倫理道德的形而上基礎也就因之消失殆盡。倫理荒謬的鼓吹，人生無意義的悲嘆，就成了時下理所當然的人生觀。

發現人生的悲慘和荒謬並不可怕，去用小說，用大衆傳播工具，來加深人間世的矛盾，亦不是最可怕的事；最可悲的是，人性來自原罪就有的「反抗」天性，做出了本世紀所有的「爲反抗而反抗」的傻事。「無根的一代」就成了所有先知先覺的人，對當代人所下的最終評語。

(4)虛無主義在中國：中國不幸，世界不幸，文化不幸。在中西文化都在鼎盛時代時，雙方都無法取得連繫和接觸。希臘的亞歷山大大帝，東征時沒有來到中國，無法使希臘大哲柏拉圖和亞里士多德的學說，與中國先秦諸子取得連繫；凱撒大帝沒有東渡神州，張騫也沒有通西域通到羅馬，因而佛學與基督宗敎沒有交換意見，共同謀求宗敎信仰的本質。甚至，明末清初來華的傳敎士，雖然帶來了聖經以及天文知識，但卻由於雙方過份的優越感，而失去了交融的大好機會。而當西方進入十九世紀文化末流，精神思想墜入物慾之中時，中國亦正在迷失於傳統禮敎中，而在此雙方都在缺乏精神導師時，卻促成了中西「文化」的交流。洋人的船堅砲利使炎黃子孫從天上的自尊，掉進了自卑的泥濘中。因而造成了一些急進派的狂妄，當德先生和賽先生尚未啓程東來之際，打倒孔家店的口號已經高喊得足以震撼全國。近百年來，西化不成，或是西化得四不像，倒是無傷大雅，但是卻斷了「根」，失去了文化傳統，成了「無根的一代」。

就在這種出空自己的「虛無主義」之中，引進了唯物、實證、實用、功利等思想。因此，很顯然的，不但「美國口味乖乖」的廣告應運而生，也不但「鵝媽媽教英語」的課程變成理所當然，就連社會中高級知識買辦，亦要用西洋當代的思想末流，來侮蔑中華文化：有以生殖器解釋陰陽的，有以權威崇拜解釋孝道的，有以性關係解釋人類行爲的。

然而，在這一切叫喊中，個人自身生存的信念亦因此遭受到莫之能禦的空前大災。文學中小說和戲劇表現了一切迷失和頽廢，在六十年代的瘋狂中，人性帶着自知和自覺，發揮了自己天生的高度的破壞能力；不但道出了悲觀和絕望的情況，而且實踐了摧殘自身存在的信念。

而這一切罪惡，其實都淵源於「失去根的一代」。

當然，我們在敍述或分析當代思潮時，不能完全窺探其黑暗面。在當代思潮中，也有其光明的一面，那就是許多有志之士，力挽狂瀾，在文化的斷垣廢墟中，發掘人性原有的善良；而在許多留學生爭先恐後地在外洋申請綠卡時，許多炎黃子孫還是帶着「落葉歸根」的思想，參加了建設祖國的行列，甚至，懷着克難的精神，抛棄了黃金國的高薪，而跟進了教育界。就在西化興趣正濃之時，亦有無數有良知之士，高瞻遠矚，在默默地促進中華文化復興義擧。

目前最迫切的問題是：如何能利用傳統文化的內容，使其參與到日常生活中科技優位的心態裏？又如何能在大衆傳播工作都操縱在別人手裏，侵蝕着下一代的心靈中，重新燃起愛國家愛民族的熱忱？

西方的覺醒也許有助於我們求得化解之道。

(5)西方化解之道：西方二十世紀的覺醒，分由三種不同語系，三種不同的哲學思考，而且都在那值得紀念的一八五九年誕生了。首先有德國的胡塞爾（Edmund Husserl 1859–1938），以現象學方法批判了本體論的種種；由其意識精神生命的啓發，判定了唯物論的死刑，德國在二十世紀時代，有那一位哲學家，那一種派系還會留戀唯物思想？繼而有法國的柏格森（Henri Bergson 1859–1941），以生命哲學的體系，推翻了以孔德爲首的實證主義。柏氏出現後，法國學術界就再也找不到實證主義的崇拜者。在美國出現了杜威（John Dewey 1859–1952），以精神的宗教價值，修正了實用主義和功利主義的偏窄。西方十九世紀的末流思想，因之由三位大師擔承了一切罪孽，而以孤臣孽子的心胸，找回了斷了根的主要原因。雖然，二十世紀六十年代的瘋狂，也曾給西方帶來了一場大病，但是，「此病不致於死」，而仍在深度的宗教體驗中，又把「根」找了回來，各大學神學院的研究，就是最好的例證。西方的人性論，在與神性的接觸中，重新又拾回了迷失的自己，重新又拾回了民族的自信和自覺。在一個星期六天爲肉體的享受忙碌過之後，緊接着的第七天，走向教堂，去拾取一些精神的花朶，來裝飾這多采多姿的人生。

回到「根」的意義就在於：以哲學的絕對，修正唯物、實證、實用；以宗教的精神和仁愛，來對抗主張鬪爭的共產主義；以爲人性的精神高峯，並不在於其擁有什麼東西，而在於它能付出什麼。換句話說，「知」固然是人性發展的高度表記，但是，「愛」更是精神的最眞實本質。

二、中華文化

什麼是中華文化？

是否在傳統著作中羅列出一系列的哲學概念，把它們編成體系，用精神文化的高度理想，說明其深度哲理，就算是中華文化？或者，當西方六十年代的瘋狂，以飛馳般的速度，輸入到思想界，就像美國的裸奔，不到兩天就橫渡太平洋，而登陸了寶島，就算是中華文化？

舊與新，西與中，在這些衝擊中，中華民族的每一份子，如果都能找回自己；而能在這種存在中，安身立命，也許就不是用極端的系統方式，數落各種弊端；或是用內心的嚮往，陳述各種美德。兄弟在這裏希冀從日常生活小事中，設法指出中華文化的「根」來自「禮讓」，以別於西洋特殊文化中的「競爭」；因而也就從中設法指出：從禮讓的根長出禮讓的果實，從競爭的根長出競爭的枝葉；也因而從中指出：共產主義所接受的文化體系，沒有中國傳統的根本，不但不適宜於中華，也不適於人性，馬克思主義是西方十九世紀黑暗時代的思想末流，沒有表現人性和人道，也同樣不適宜於和中華文化——不但傳統的，而且也是現在的——並肩。

(1)禮讓的文化：

當人家問你貴姓時，縱使你姓趙，也得回答：小姓趙。人家問你府上那裏，回答亦祇可以是「小地方臺北」。人家問你幾位公子，連大官亦要答：小犬兩個。「客觀」的標準在那裏？趙姓分明是大姓，怎樣可以說，而且應當說「小姓」？臺北當然是個大地方，爲什麼是「小地方」？達官貴人的子弟理應是公子，爲什麼是「小犬」？

這是主觀價值的表現，是特有文化的產品。

這種精神文化的禮讓行爲，再加上詩歌的藝術境界，像「白髮三千丈」一類的主觀意境，遇上了受過西方唯物實證洗禮的科學客觀標準，自然而然地受到了考驗，由考驗而遭受否定和歧視。但是，我們仍然要站在哲學的立場發問：在人文世界裏，客觀的眞實與主觀的眞實，不是相輔相成的嗎？生命意識的發展和進步，不是專靠主觀的信心和理想嗎？

禮讓文化的起源，起自對人性社會的觀察，發源於廣大平原之上，別人的出現自然是在生命途中，多了一位伴侶，而不是像海島文化的特性，別人的出現就只是自身生存的競爭者。中華文化的禮讓正代表着人與人之間的仁愛和忠恕，而不像西方的競爭學說，在希臘羅馬發源和盛行，由奧林匹克一直到殖民，由客觀的權力崇拜一直到唯物進化的思想發展系列，莫不在指出人與人之間的關係，要從自然觀察中，看清「弱肉強食」「適者生存，不適者滅亡」的原理原則。世界上這一種文化發展了「羊有跪乳之恩」的情操？又有那種文化在人前問別人「高壽」，而自己則用「虛度」的答案？

共產主義之講鬪爭，完全是西方希臘羅馬的直系產品。

⑵仁愛與鬪爭的背景：

桑他耶拿曾以物的第三性質來解釋價值體系，意謂價值的存在是屬於主觀的選擇。因而，受過自然科學洗禮的人們不容易接受他的學說，以爲主觀是幻想，而客觀方是眞實。在受了科學洗禮的圈子中，祇要被套上「主觀」的帽子，那就等於宣佈了某人在學術上的死刑。由於物性以及獸性的互爭，對自然界競爭事象的觀察，抽離出鬪爭的原理原則；以爲自然界是楷模，是人性行爲的準繩；而人生的各種抉擇，都應以這些相互對立，甚至相互殘殺的事實爲依據。唯物論、實證論、功利論、實用主義，都莫不以這種仰觀俯察爲基礎，而導引出人與人之間的互鬪原則。

可是，善良的人在仰觀天象、俯察地理之後，固然曉得自然界確實有着「弱肉強食」的悲劇，有着互相殘殺的現象；但是，他也可以看到善的一面，看見四時的運行，享見風調雨順；以「生生不息」的宇宙萬象，當作人性向善的解釋：儒家在憂患中找出路，其思想遍佈在易經之中；以仁心和仁愛來發展人與人之間的關係。道家則以無爲、無執着當作是人性超越物性的根本條件。佛家之蓮花，更展現出出於汚泥而不染的高尙情操；縱使塵世上都如汚泥一般髒亂，但自身仍然是潔身自好。人性的養成，無論是儒道佛三家，都設法在各種動盪不安中，找出安身立命之道，化解一切荒謬和矛盾，而發揚人性於精神高峯。

中華文化，自易經開始，甚至從象形開始，就都在各種自然現象中取象，藉以支持人性的各種向善之心，就如梅花之在寒冬盛開，松樹之在高危處屹立；在在表明了盡其在我的自信，與超越各種情況，走向價值理想的境界。雖然在仰觀俯察中，得悉了善惡二元的對立；但是，由於重視人自身的精神價值，而認定了善，選擇了善，而且願意畢生爲發揚善而努力。

在善良的人心中，「善」是人性的正面，是行爲的常態，而「惡」是人性的反面，是人類行爲的病態。在自然界中，善惡並存；在人文社會中，善惡亦並存。但是，站在人性、人道、人道主義的立場上，個人應該隱惡揚善，擇善避惡。

人與人之間應以仁愛爲基礎？抑或應以鬪爭爲基本？原就是自由抉擇的問題。原來，悲觀的人看見任何一根繩子，都想上吊；唯有樂觀的人，才覺得要把它收好，留着將來可以綁東西用。主觀的抉擇勝於一切所謂客觀的標準。

文化的問題，尤其是特殊文化的問題，不是任何以客觀爲標準的自然科學方法所可勝任的。中華文化在其淵源流長中，以禮讓的現象，選擇了人與人之間的仁愛思想。西方十九世紀後半期的思想末流中，竟選擇了人與人之間的鬪爭哲學。

(3)當代思潮：

在中華文化歷史中，從來沒有像今天所遭受到的浩刼，一方面是把互相鬪爭、互相殘殺的哲學，硬生生的塞進以禮讓爲人生觀的民族中；使其違反過去的一切倫常，做出了許多非人的行爲。另一方面是透過盲目的學術招牌，以士大夫賣國的行徑，宣傳西方學術的末流，配合一切顚覆的陰謀，而企圖消滅精神文化。崇洋的事實發揮到不但前面所引舉的大衆傳播工具，腐蝕着下一代的心靈，而且亦在日常生活接觸到的廣與深的層面。我們只要問一下：爲什麼大臺北沒有孔子路和孟子道？而有的卻是羅斯福路和麥克阿瑟公路？爲什麼在高等知識份子中一定要用「國家博士」來和「洋」博士分開？是否學術工作亦有中西之分？

幸好目前已有不少學者，開始再度透過知識論的基礎，闡明仰觀俯察的成果，從世界事物四階層的劃分中，釐定出物理、生理、心理、精神的不同層次，而在這四階層的差距中，闡發了物質與精神的關係；最後引伸出人性不是「有精神的物質」，而是「有物質的精神」。因此，人性的尊嚴和價值，也就不在於它「有」多少物質，而是在於它「是」什麼。這「是」什麼的界定，就引導出超精神的嚮往；因爲在存在四階層的立體重疊中，上層的價值並不是由於擁有下層的質與量，而是要看它本身是否能超乎下層的束縛，而且，越能脫離物理的命定，就是越高階層的存在；同樣，越受物理的限制，就越低層，及至完全受物理法則支配時，就是物質——一種沒有精神，沒有意識，沒有生命的物質層面。這末一來，物質之下，精神之上，究竟是否有東西存在？這誠然超過了現象，超過了形而下，而進入了形而上的課題範圍。若把有和無二種哲學的形而上概念，安置在存在四階層之中，則其次序就是：在精神之上有「有」，而在物質之下有「無」。這種系列的探討，形成了人性善良的哲學依據；因爲人性的精神價值，就在於追求上層境界，而解脫下層束縛；越能脫離物理現象，就越是「有」，越是擁有物質，就越接近「無」。這末看來，站在自由意志選擇行爲的立場看，物理世界的一切，甚至生命世界，意識世界的一切，都在命定之中，都在命運所安排的「善」「惡」注定之中。精神是否也如此？抑或是，身爲萬物之靈的人類，也和禽獸一樣，沒有自由選擇的餘地？如今，如果人類行爲應由自己負責，如果這種社會法規能夠存在，就證明一件事，那就是：人性在尋獲自己的過程中，所走的人道，是在追求精神價值，而且在超乎物性和獸性。如果禽獸世界都有「虎毒不食子」的倫理相似的事件，是否在人文世界中，就應該更有系統的發揚出來？

仁愛是人性的高峯，則鬬爭是人性的沒落。而中華文化的禮讓是仁愛的表現；凡是與仁愛相反的，都是在摧殘中華文化，無論其爲西方十九世紀後半期的唯物思想，或是現今從新大陸外銷來的行爲主義以及白老鼠的心理學。

三、救國之道

人性的認識、人道的遵行、人道主義的推廣，都是當前人類所必需努力的課題。可是，在這種課題之前，最先要體認到，自身文化的根本是什麼；亦即是說，自身文化所行的「道」，是走那一條路去完成人性。於是，在中華文化復興運動的今日，文化的深度探討是必需的，而在文化探討中，單就在禮讓一事，就能看出中華民族的「人道」精神。這人道精神所表現出來的仁愛思想，也就當是救國之道。

可是，西方思潮的泛濫，躲在科技的假面具下，實行了全面的思想走私，以「進步」「趕上時代」爲藉口，把一些西方末流，盡情湧向了寶島；甚至認定唯物、進化爲歷史的必然。在崇洋的業務上，只吸取了科技的物質層次，而忽略了其宗教的、精神的生活深層。出洋考察的人士，不都是在星期一到星期六之間，看看人家的馬路、高樓、工廠；而斷章取義，回國後就以爲這些成果就是西方進步之因；而忽略了一星期中屬於精神的一天；在教堂中如何吸取了生存的勇氣，以及爲人處世的態度。而整個社會的發展，並不在於是否科技的擁有，而在於對科技的態度，以及如何利用科技的心態。

西方的先進不是由於科技，而是由於人生觀。

中華文化復興之道也不在於自西方學習科技，而是在創新自身文化對時代的領導地位。如果單在大衆傳播工具上，爲崇洋的心態加上一些屬於「錦上添花」的東西，或是在報紙上登滿洋人如何讚美我們進步的美言，可並不表示自己的確有長足的進步。自身的生存，自己的發展和進步，全靠由信心發出的建設實踐。

奧國是阿爾卑士山上的小國，土地瘦瘠，氣溫由夏季的攝氏三十度，至冬天的零下三十度；西鄰富有的瑞士，北界強盛的德國，東邊有隨時入侵的共產國家，南部有意大利；無論在經濟上或政治上、軍事上，都沒有立國的條件；國民所得遠低的鄰近的國家。可是，爲什麼它仍然屹立於世上，沒有受到崇外的侵蝕？其原因就是因爲在大衆傳播工具中，對下一代的教育——民族意識的教育。每天下午六時五十五分，全國大衆傳播工具都得播放一項節目，以五分鐘的時間給小孩子講故事、催眠。節目完畢時，就加上一句：沒有歐洲就沒有世界，沒有奧國就沒有歐洲——讓下一代的幼苗帶着國家民族意識，進入夢鄉。使他們在下意識中就以「身爲奧國人」爲榮，長大後才不惜犧牲自己，報效國家。筆者在奧國四年，從來沒有遇見任何傳播事業讚美外人，以之教導下一代的。

民族意識的重建，是國家民族穩定的最終基礎。而在民族意識的教育中，自身特殊文化的認定與發揚，以及消極方面的抵禦外來邪說的入侵，自是當務之急。自身特殊文化表現的禮讓，其根本基礎是仁愛，是人性精神價值的認定，是倫理道德的發展動機。外來邪說莫過於主張鬪爭的唯物思想，以及顚倒價值體系的進化論，然後就是主張價值中立以扼殺精神的行爲主義偏激思想，或是只承認人性的物理層次，以及思想的局限於數理範圍，同樣否定形而上的宗教、藝術領域的邏輯實證論。

身爲一個中國人，如果仍然要保持自己的血統，不願做洋奴，就應該用天賦的思想，去透澈爲人之道，以及爲中華民族一份子之道。

中西文化在變化過程中，都有高潮，有低潮，有輝煌時代，亦有沒落時代；在沒落中能否有先知先覺，出來振興文化，創造新機運，則全看其民族意識的存沒，也全在其對精神文化的看法。古代的埃及，曾盛極一時，其科技有驚人成就，像金字塔，像木乃伊，然而缺少精神的文字和哲學，而今沒落了，就連民族亦被消滅了。古代巴比倫，因沉溺於酒色，肉慾取代了精神生活，於今其國安在？歷史事實昭然若揭。中國歷史中，各個朝代的盛衰，不都是由於「朝中大臣，紛紛通敵以自保」？失去了愛國愛民的熱誠，而只想到了自己？德國早期沒有敗亡於拿破崙鐵蹄之下，豈不是由於費希特提出了民族救亡運動？滿清的敗亡，不是由於他們自帝王以致於庶民，都自覺自身文化不如漢族，而自甘消滅自己的民族和文化，而被漢族同化了？

民族意識是民族生存的基礎。

精神文化是人性確立的保證。

中華文化的危機也就在於「崇洋」與「唯物」；救國之道也就必須先丟掉「崇洋」的心理與「唯物」思想。崇洋心理始自自卑，自卑始於不認識西洋，以及對自己傳統文化不信任；這些自卑，西洋的認識，信任自己，都需要經過長期的民族教育，才能醫治自鴉片戰爭以來的創傷，以及五四的大病。目前，崇洋心理透過大衆傳播工具，腐蝕着幼小的心靈，這是從根破壞的工作。吾人應該集中所有的力量，清除這種思想汚染。

「唯物」的思想由來已久，從幼稚園的課本一直到大學用書，都在爲這種思想舖路。除非有一套堅定的形上思想，否則很難認定「物質」價值是在精神價值之下，也就更不容易丟棄「人是由猿猴進化而來」的思想。此間幾十年來，連哲學界的形上體系，都在爲唯物舖路，不但宣揚着進化思想，而且更進一層，否定着精神的獨立價值，否定着支持人類心靈的宗教和藝術層面。「上帝死亡」的呼聲不絕於耳，豈不知「上帝死亡」一詞並不是宣示制度宗教的敗亡，而是暴露了人性迷失的事實。因爲跟隨上帝死亡而來的，不是人性精神的提升，而是役於物以及人際間的各種出賣和殘殺。

西方由於現象學的方法，以及生命哲學的內容，已經在唯物中覺醒了，希望我們也經由我們早已存在的「生命體驗」哲學的方法和內容，能夠重新在崇洋和唯物的廢墟中，找回迷失的精神文化。

在談及具體可行的方法中，兄弟提出兩種建議：在深度上，在中央研究院一定要增設二種研究所：一爲哲學研究所，給科技奠定人性的價値，使「人」能夠駕御科技，而不是叫「科技」支配人性；一爲三民主義研究所，以 國父立國建國精神，集中、西思想精華，以與目前因爲姑息主義的愚昧而日漸壯大的共產唯物思想對抗。這樣，在國家最高學術機關，能以國家民族的存亡爲基本研究動機，而庶不致於發展了一切，思想和立場上則成一片空白。

另一種建議是廣度上的兒童敎育問題：目前的九年國敎一方面可說太長，因爲國敎畢業出來的少年已經十五歲，在此地亞熱帶氣候的成長中，已是「想獨立」的年齡，做科技的學徒一來手指不夠靈活，二來心智趣於發明，而不肯「聽話」；因而，職業學校務必在兒童十歲時就開始，無論是修理電燈，或裝修汽車，經十年訓練而出師，到二十歲時，必能得心應手，這種建議指出，國民基本通才教育祇在六歲到十歲，十歲之後就要開始分科。

另一方面，九年國教可說是太短，因爲十五歲的小孩，一旦升不了高中，或進不了職校，試問他能用什麼技術或本事在社會上立足？他在國民中學學到了什麼東西？所學到的是否都在爲「考高中」舖路？因此，一個國中畢業者勢必又要重新學點東西，將來好維持家計，不從十歲開始就學一點將來自己安身立命的職業？

當然，問題仍然回到「國中念什麼」的問題上。兄弟提議二十年（從十歲到二十歲）的職業或過渡教育（過渡教育就是中學，以備上大學之用），當然就把國民基本教育改爲四年（其實義務教育已改爲十四年）；在這四年中，上午教子弟民族意識，下午訓練他們的體能，兄弟眞不明白，一個未滿十歲的小孩子，爲什麼要他腦袋中裝上許多日後無用的「知識」，甚至一些非常抽象的數學運算題，像一百分之四十小時等於多少分多少秒之類的數學習題。而不先設法在他幼小的心靈中，先教導一些做人做事的道理？

依兄弟淺見，四年的基本教育，必能使兒童充滿國家民族意識，使他們長大後，願意生爲中國人，死爲中國鬼；而不會稍有一點本事，就離開多難的祖國，寧願做別人的三等公民。而且，四年的體能訓練，也必然使民族幼苗有強健的體格，庶不致於剛丟棄奶瓶，就要帶上近視眼鏡；或是剛考完博士就要急着辦理身後大事。

在四年的基本教育中，每位專業老師最多不要引導十個小孩，四年期間和他們生活在一起，完全知曉他們的性向，然後指導他四年畢業時要走那一條「十年之路」。當然，這種全面的教育革新，有着極大的困難，可是，爲了「民族意識」，爲了一年比一年困難的「聯招」，非要有魄力改革不可；否則聯招永遠延續下去，而人才亦因了民族意識之缺乏，不斷的外流，到最後，所有機關或團體，都會像國家最高研究機構一般，院士大多數在國外爲別人做事，而「兼」享國內榮譽，成爲有權利而沒有義務的特權階級；這些人又如何能以士大夫的身份，來「身教」下一代？

兄弟冒昧提出非常籠統的教育提案，還望在座各位先進，各位關懷國家存亡、民族存亡的同仁，共同設法找出可行的良策，提供給我們的行政人員，庶幾千百年後，在這個世界上，仍然有中國的存在，仍然有中華民族的存在，仍然有活的中國文字的存在；而且，我們的子子孫孫都會以自己身爲中國人爲榮。

——中華民國六十四年四月廿八日在高雄、臺南講

從哲學觀點看共產主義的沒落

各位先生、各位女士！

有人說，哲學會算命，學哲學的人也會算命。我們今天就來替共產主義算算命，替共產黨排個八字，把它的祖宗十八代搬出來，研究它的家世；然後再看看它的手相和臉相，從而推斷出共產主義的命，預言它未來的命運。

哲學在這裏的界說是：站在人性的立場，去看整體的人生問題；使人能在宇宙中，安身立命。

共產主義在這裏的範圍是：利用黑格爾左派的理論，利用時局不安的勢態，所產生的一切哲學思想，以及由這思想所導致的各種實際主張和行動。

從哲學觀點看共產主義的沒落，就是站在人性的立場，以及站在人道的立場，去考察共產主義的根本思想，以及由這思想所導致的災禍，而推論出其違反人性、違反人道的事實和陰謀，因而結論出其必定衰亡的命運。

但是，在另一方面，有另一個事實擺在眼前，那就是世界上有許多國家、許多民族，竟然相信共產主義，不但在學理上，而且在政策上，實行着唯物共產的主張。我們在這裏，就要用哲學的方法，去看人性如何迷失，如何會上共產主義的當，如何在各種引誘和威迫中，作了錯誤的選擇。

再進一步，在人性痛定思痛之後，漸漸走向覺醒的狀態，而發現並認定自身的迷失和受騙，從而重新估價共產唯物的理論和實際，而幡然悔悟，而唾棄這種主義所帶來的思想路線。

問題提得直截了當一點，就是：

「中國如何會陷入共產主義之手？」

針對這個問題，我們就利用幾十分鐘的時間，一方面設法解答：中國五千多年來的文化傳統，原都是以「仁愛」作爲人性相互間交往的原理原則，人性相互關係都是崇尙「和諧」，「和平共處」，如何會在近百年來，接受並發展一種與此優良傳統完全相反的人生觀？如何會接受共產主義的「鬪爭」？人際關係作爲「恨」的人生哲學，如何會取代「愛」的傳統？

在另一方面，我們同時亦要指出，人性畢竟是善良的，尤其是中華民族的性格，更是寬宏大量；但是，這種善良的人性，你也不能將之迫入死巷；它一旦在死巷中被迫走頭無路時，終會起來反抗，起來爭取自身生存所必需的最低正義和自由。

因此，這篇講演在技術上分成三部份：

第一部份討論「史的發展」。在這部份中，檢討共產主義的興起與發展；檢討這種原是西洋的東西，原是在某方面違反人性、違反人道的東西，如何會混入中華文化之中，漸漸腐蝕了中華文化，而赤化了大陸神州，使七億同胞生存在水深火熱之中。

第二部份提出共產主義的「內在涵義」，亦卽走進共產主義學說的中心，窺探其根本信念和陰謀，再以人性的尊嚴和價值，去衡量這種學說的得失。

第三部份說明人性的迷失，與迷失之後的覺醒的「當代意義」，庶幾切勿再度誤入歧途，而提出共產主義之「病」的各種可能症狀，從而根絕這種違反人性的哲學思想。

我們這就開始分段討論問題：

第一部份　史的發展

共產主義是西洋的文化產品，而且是文化的私生子，它的生日就是馬克思和恩格斯於一八四八年，在比京布魯塞爾所發表的「共產宣言」。可是，它的懷胎時期則非常久長，從西洋文化一開始的「奧林匹克」就已開始，古希臘的奧林匹克運動所表現的，完全是「競爭」的天性發揮。相對於中國文化傳統的「禮讓」來說，西洋的傳統就帶有濃厚的「競爭」因素。

這種「競爭」的天性，漸漸由於奴隸制度，以及殖民主義的培養，而升級到「鬪爭」的提案。「鬪爭」的主張就是西洋十九世紀後半期的思想潮流；白種人在這個時期中，不但在美洲的販賣黑奴，而且亦在亞洲大力推行其殖民政策；「競爭」和「鬪爭」的人生觀，就在西洋黑格爾哲學時代，取代了西方基督宗教的「仁愛」思想。

哲學在西洋文化發展中，曾經努力過，設法站在人性和人道的立場，消除這種「奴役」與「殖民」的行爲；但是，不幸的是，在哲學高潮時，人性固然得到了應有的重視，可是，文化的低潮，無論在羅馬帝國時代，或是十九世紀後半期，都受了唯物主義的欺騙，而摧殘着人性和人格。

西洋哲學的發源，本來就在追尋宇宙根本，以及人生終極意義上，奠定了基礎；古希臘哲學的輝煌時代，都在提倡人與人之間的尊重，人與自己之間的愼獨。可是，也就在道高一尺、魔高一丈的現實下，正統的哲學尚未完全建立；精神的尊嚴尚未被肯定，而假哲學之名而興起的唯物論，卻應運而生。後者以解釋物質宇宙的結構爲名，而提出了唯物論的最早型態；這種唯物的毒素，就配合着奧林匹克的精神，就孕育了共產主義的肧胎。

現在，我們就分段來評述唯物思想的來龍去脈：

㈠唯物思想的由來：希臘是西洋文化的發源地，就在其開始注意宇宙生成問題時，就有專門研究「宇宙原質」課題的學派，稱爲「機械論學派」。此派學者主張，宇宙是由物質構成的，而物質的元素，先是水、火、氣、土；後來，又以爲根本元素應該更簡單，於是出現了「原子論」學派，後者以爲一切事物，都是由原子構成，而且，原子與原子之間的關係，根本沒有質的差別，只有量的多寡。這量的多寡則由原子相互間的愛和恨所造成：愛使原子集合，繁生萬物；恨則使原子分離，而促成滅亡現象。

於是，純物質的原子，成了構成宇宙，而且使宇宙生成變化的最終原因；而這種生成變化都是物質性的、機械性的、盲目的。

㈡唯心論的勝利：就在機械唯物論用原子的多寡離合來解釋宇宙萬象變化的原因時，古希臘同時出現了一位亞拿撒哥拉斯，氏以「精神」的領導及設計爲前提，以爲一切都有「目的」、有計劃；他以自身日常生活的體驗，以爲單用唯物的法則，不可能解釋宇宙萬象的變化。於是提出質問：

「不是肉的，怎末變成肉？不是頭髮的，怎末變成頭髮？」

這種極單純的消化作用的問題，使機械唯物的說法，無法立足。生命體的消化作用，顯然是屬於有計劃、有目的，爲什麼吃了飯，竟然會長肉？爲什麼吃了蔬菜會長頭髮？這些問題都必須經由「精神」，才能得到合理的解答。

西洋最早的唯心唯物之爭，唯心論大獲全勝，這勝利曾經奠定了西洋哲學的唯心論長久的基礎。

唯物論被唯心論打了這一棒之後，一躺下就是二千年；西洋今後發展的哲學，無論是希臘、中世，或是近代，唯物論都沒有翻身的機會。

㈢二千年後的復仇運動：西洋十九世紀後半期的思想，經由工業革命以後的社會變遷，立體動態的人生觀，一變而爲機械唯物的解釋。黑格爾「絕對精神」的過份強調，迫使「左派」學者走向了唯物的死巷。

費而巴哈首先發難，提出「人吃什麼，就是什麼」，作爲唯物論的標語。這句話顯然的是回答二千多年前，亞拿撒哥拉斯對唯物論的責難。

費氏的這種哲學設計，非常使馬克思所欣賞，後者卽提出社會發展的歷史性，而把人性的所有活動，都歸納到物質條件之中。

㈣唯物論的大潮流：黑格爾左派的勢力，由費而巴哈出面之後，就開始反對基督宗敎的神學人生觀，開始懷疑耶穌的神性，開始評估宗敎信仰的價值；馬克思就一口咬定：「宗敎是人民的鴉片」。於是，宗敎情操被否定了之後，人性精神生活、目的與設計，都遭到懷疑、否定，甚至侮蔑。

「共產宣言」的提出，根本上就否定了人際關係的仁愛，而代之以鬭爭。

中世希伯來精神所提示的，人的靈魂是「上帝的肖像」，因而導引出「人人生而平等」的觀念，又被「階級鬪爭」的傳統二元論所取代。人性的根本受到了摧殘。

㈤西洋十九世紀後半期：西洋工業革命後的思潮，在法國出現了實證主義，反對宗教和倫理；在德國誕生了唯物論，而催生了共產主義；在英國出現了功利主義，精神的價值從永恆掉進了時空中；在美國也開始了哲學的探討，而產生了實用主義，祇有利害關係，而沒有是非觀念。這些學說和主義，在哲學上統稱爲自然主義。這種自然主義的傾向，就是對宗教和倫理道德，沒有好感，而對強權、競爭、鬪爭，則大感興趣。

唯物論和共產主義的誕生，在時間的探討上，都是實證主義、功利主義、實用主義的兄弟。在生物學的探討上，十九世紀後半期的學說，漸漸放棄「神造萬物」的說法，而代之以「進化論」；於是在宇宙根本問題，以及在人生終極問題上，共產主義就與進化論並肩作戰。散播唯物、競爭、鬪爭的人生觀。

㈥蘇俄的共產革命：西洋的唯物、實證、實用、功利、共產、進化等思想，配合着西洋工業革命後的社會經濟的畸型發展，就由馬克思和恩格斯提出了階級鬪爭的理論，這理論首由列寧在蘇俄付諸實行。蘇俄共產革命的成功，意謂着共產主義主要的，不祇是一種哲學理論，而且是富有衝勁的一種政治組織。

蘇俄共產主義的興起與發展，就成了世界上最大的瘟疫（借用存在主義大師卡繆對共產主義的批判），凡是鄰近蘇俄的國家，都遭到感染；而且，這種瘟疫性的赤潮，還在不斷的延伸，藉着發展中的國家貧富懸殊的內在矛盾，藉着學術界對自然主義的傾向，藉着對宗教情操的各種猜疑和否定，尤其藉着對倫理道德的侮蔑，或是對「新」的、或「洋」的東西的嚮往，於是製造着各種推翻政權、改革社會的革命，以蘇俄爲「老大哥」，走向社會主義、共產主義的政治理想。

中國赤潮的泛濫，在外在的因素看來，也就由蘇俄作爲「老大哥」的方式，經過二十三年的蓄意培養，終於吞沒了整個華夏。

以上提出了從西洋的文化角度，看共產主義的興起與發展：從希臘奧林匹克的「競爭」，經過羅馬時代的奴隸和白種人向外殖民，乃至於發展到「鬪爭」的共產思想，原是一脈相傳的西方文化體系。

現在，問題仍然存在着，這種以「競爭」和「鬪爭」的文化末流，如何混進了以「仁愛」爲中心的中國文化中？

從這問題出發，我們又必需回過頭來，窺探中國文化發展的情形，藉以瞭解中國文化迷失的原因，並從中研究出補救之道。

現在，我們就以七個階段，來研討中國方面的發展經過：

㈠禮讓文化的溫床：中華民族發源於東亞大平原上，以農立國，發展了人際關係的「互助」和「仁愛」，因而其哲學思想多爲倫理的修養，以及道德的實行。「家」爲中心的文化體系，創造出「長幼有序」的家族社會；家族之中用不着「競爭」，而用「禮讓」作爲做人行事的標準。

這種「禮讓」的事實，一直到今天仍然可以在各種人際交往中，尤其在日常生活的言談中，找到證據，像「貴姓？」「府上？」的高抬對方，而以「賤姓」「小地方」形容自己的一邊。

這種禮讓文化體系，因爲發展在大平原上，東、南有海洋，西有高山，北有沙漠，作爲天然界限；因而數千年來，都是「自給自足」的型態，其哲學派系的本身，就足以使思想家滿足；地大物博的天然資源，也就足以使百姓無需外求。

㈡進入世界歷史之中：雖然中華文化，自先秦極盛時期之後，曾一度衰微，但是，卻由印度傳進來的佛學給予補足，就如西洋曾經接受了希伯來的信仰，而重新興起了高潮一般。

可是，一如西洋的宗教情操，走到十九世紀已經走向下坡一般，一向自給自足的中國，亦漸漸走向了衰微。中西不正常的交往，使中國被迫走進了世界歷史洪流之中。各種戰爭，割地賠款，各種不平等條約，甚至遭受到瓜分之禍；於是激起了士大夫的「自強運動」。而在「自強運動」的嘗試中，選擇了「西化」和「洋化」之途。當時的有志之士，大都以爲唯有擁有堅船利礮，才足以抵抗外來的侵略。

「西化」成了當時當務之急。

在「西化」的進程中，包括了各種科技，後來亦包括了社會、人文諸學科，甚至哲學人生觀，也有人主張「全盤西化」。

「洋化」本身並不是改變中國的決定性的因素；決定性的是，國人從此之後，對自身文化的反省、懷疑，甚至否定；或者，拿西洋作爲尺度，來衡量中國的長短。於是，「洋化」所帶來的，並不是「自強」，而是在否定傳統文化之後的眞空狀態；在出空了自身的文化之後，在否定了自身的人性價值和尊嚴之後，文化已經失去生命，民族已呈自卑不可再的地步。這時，任何一種外來刺激，任何一種外來的「新奇」事物，都會乘隙而入，都會取傳統而代之。

共產主義就利用這種機會，滲透進了中國文化之中。

㈢病態的中西交往：顯然的，中、西文化的發展，都有一點是相同的，那就是有高潮，也有低潮，有人性的肯定時期，也有侮蔑人性尊嚴的年代。在中、西文化交往的歷史事實是：西方希臘的高度智慧，和當時中國的先秦輝煌時代，並沒有任何交往；亞歷山大大帝東征西討，就是沒能東來中土，而召集諸子百家和希臘諸哲，共同商討宇宙人生大事。同樣，中國漢代的輝煌政治，與羅馬的法治民主，亦沒有交換過組織經驗；張騫通西域沒有通到羅馬帝國，凱撒大帝亦沒能東征中國。再後來，西方基督宗教情操高潮時期，並沒有派傳教士來華傳教；中國發展的佛學教義以及佛法，亦沒有傳到西方，二種宗教專家並沒有商討過「彼岸的信息」。雖然在宋明之後，明末清初有過不少耶穌會的傳教士來華，一手捧看聖經，另一隻手托着天文儀器，把宗教和科學一起進入我國，頗得我朝廷的賞識，但終因雙方誤會，而斷送了文化交流的平等機會。

中西的眞正交往是「城下之盟」，中國被侮蔑到無以復加的地步，而西洋人的畫像，在中國士大夫的心目中，永遠是「強」的，其對外「競爭」的能力，永遠是「船堅礮利」。

中國在淸末時，一如西洋在黑格爾死後，都步入了文化的最低潮；中國文化的低潮，導致「崇洋」以及對傳統文化的懷疑和否定。同時，西洋也在此時把人性導向到迷失的深淵中，否定了傳統的宗敎情操，以及倫理規範；把希伯來宗敎的「仁愛」情操，忘得一乾二淨，而復古到哲學之前的蠻荒時期的「競爭」和「鬪爭」心態，而進行奴役和殖民的戰爭；不但在美洲幹起販賣黑奴的勾當，而且亦在亞洲發動了殖民主義與帝國主義的侵略戰。

中西交往的高潮，也就在此時興起；「崇洋」與「自卑」的心態所造成的結果是：中國接受了西洋的末流；以西洋末流的唯物、實證、實用、功利，取代了中國傳統文化的遺產。

㈣各種舖路工作：在「自卑」與「崇洋」的心態中，中國當時的情況是：無可奈何地門戶開放，被迫擠進世界潮流之中；但是，對新思想的接受，都是心甘情願的。

對新思想的接受和推崇，就要看當時「西學」的倡導和實行。就如一八六一年成立的「總理各國通商事務衙門」，一八六七年的「同文館」，以及「天津水師學堂」，上海的「製造局」，福州的「船政局」等等。一八六九年梁啓超所著的「西學書目表」三卷，包括了當代西洋各種學問。此外尙有影響甚大的大衆傳播工具，像寧波的「中外新報」（一八五四），上海的「六合叢談」（一八五七）及「中外雜誌」（一八六二），廣州的「中外新聞七日錄」（一八六五）。還有基督敎會主辦的報章雜誌，像上海的「敎會新報」（一八六八、一八七四年改爲「萬國公報」）和「益聞錄」（一八七六）等等，都在宣揚外國的進步情形。

後來，洋化思想影響之下，康有爲用幾何方法著「人類公理」（後改名爲「大同書」），書中思想極似柏拉圖的理想國，但又滲入了邊沁功利主義的看法。

譚嗣同著「仁學」，但是，其「仁」概念已經不是中國傳統的仁義道德，而是根本反對三綱五常；尤其反對傳統的貞操觀念，以爲「多開考察淫學之館，廣布闡明淫學之書。」

嚴復開了翻譯西學之先河，反對張之洞所提倡的「中學爲體西學爲用」的原則，而強調中國不但科技不如人，而且在政治、道德上都不如人；因而主張「全盤西化」。而在「全盤西化」的強調中，開始翻譯赫胥黎的「天演論」，斯密士的「原富」，穆勒的「名學」，孟德斯鳩的「法意」等八種西洋著作。尤其「天演論」的譯出，時爲一八九八年，與戊戌政變同時，而二年後中國慘敗於八國聯軍之手；又一年「辛丑和約」的簽訂，更證實了「適者生存，不適者滅亡」，以及「物競天擇」、「優勝劣敗」的原則。從此，進化思想把持了中國學術界，倫理道德以及禮讓的美德，就不再被重視。

其間雖然有梁啓超、王國維、 國父孫中山先生等人，在力挽狂瀾，着重傳統文化精髓；但是，仍然無法遏止「自卑」和「崇洋」所走向的唯物、實用、進化等思想的泛濫。

(5)「新青年」作了直接媒介：直接由「革新」和「崇洋」以及「西化」的思想產生出來的，就是「五四運動」。「五四運動」的起因原是「自強運動」和「愛國運動」，開始的目的是要趕上西洋的科技，剷除自己過去的惡習；但是，這運動卻產生了偏差，這偏差就是過於崇洋，以及「打倒孔家店」式的丟棄中國傳統文化；這些「新」思想，表現得最特出的，就是「新青年」雜誌。

本來，「新青年」的出刊目的，也祇是傳播及介紹一些歐美的新思想；可是，在「中西文化論戰」、「科學與人生觀論戰」、「非基督教同盟運動」的討論中，陳獨秀接辦了「新青年」，開始介紹馬克思思想。及至民國十年，共產國際派馬林來「協助」陳氏之後，「新青年」遂成為共產黨的喉舌，不斷地為唯物共產宣傳。

同時，由於蘇俄的不斷提携，中國成立了共產黨，不但在江西成立了蘇維埃政權，而且在各地大事宣傳，報紙、書店、各種暢銷書，像「嚮導週報」、中國青年社、上海書店、平民書社等，以及「共產主義ＡＢＣ」、「馬克思主義淺說」等。

本來，中國當時士大夫的熱情是深厚的，愛國的情操也是熱烈的，各種西洋的新東西也在研討之列；可是，就沒有嚴密的組織；一旦第三國際以嚴密的組織滲入，共產主義就控制了所有的「革新」計劃。

㈥傳統文化的懷疑與否定：中國在當時的情形，「西化」並不重要，甚至，可以說，連「共產主義」也不是最大的危機。中國之淪入共匪之手，乃主因於當時士大夫階級懷疑了傳統的尊嚴和價值。

就在「中西文化論戰」以及「科學與人生觀論戰」中，許多青年的偶像，都對傳統文化喪失了信心，而主張「全盤西化」，甚至「打倒孔家店」。就如張君勱在清華大學演講，強調了科學固然重要，但無法解決人生問題；這種意見一提出，立卽遭到丁文江、胡適之等人的圍攻；而且，後者利用各種方法，把中國之所以落後的理由，推到倫理道德的傳統上；而更進一步，以爲若要中國強盛和進步，就要「打倒孔家店」。

眞的，當時崇洋的心態，的確把孔家店打倒了，新思想中的「杜威」、「柏格森」等人的思想，卻沒有取代傳統文化。取代了中國舊傳統的，在思想的立場和內容上，是唯物、實證、實用、功利，而在政治的改革，以及社會改革的實行上，則是共產主義。

㈦爛蘋菓終於掉下來了：中國文化到了二十世紀中期，早已與傳統脫了節，就如一個爛蘋菓，必定會脫離母幹，而往下落。而問題在於，誰站在樹下，誰就會接到這個蘋菓。共產國際早就有了三十年的蓄意培養，早就等在樹下了。

綜觀中國文化的發展，所有傳統的力量在中西文化接觸中，都由漫不經心的士大夫、學閥型的勢力，束縛了手脚，無法施展任何震撼力，把傳統「仁愛」的人生觀拋棄了，而輕易地被「鬪爭」的學說所把持。

從「仁愛」走向「鬪爭」，當然是人性歷史的悲劇，但是這悲劇的最終原因，卻不是歷史演變的外在因素所能解釋，而是要進入共產主義人生觀的內在涵義，才能透視出，一種學說形成的來龍去脈。原來，人際關係以「鬪爭」爲中心的人生觀，來自病態社會的觀察，而這種觀察則來自偏狹的知識論。

在進入本演講第二部份「內在涵義」之前，我們先探討這種偏狹的知識論的例子。

兄弟還在西德求學的時代，有一個暑假參加了西德政府主辦的一個「中德同學夏令會」，會中有位「中國通」來作專題講演。這位「中國通」用西洋把握概念的方式，提出共匪所推行的「人民公社」，特別選擇了「公」字作爲探討的概念；而主張這「公」字源出「禮運大同篇」的「天下爲公」的「公」字。更用西洋邏輯的推論法，結論出共匪的「人民公社」源自中國固有傳統。

當然，這位「中國通」的謬論，引起了與會的中國同學很大的反感，於是提出了許多不同的責詢。

幸好，那天由兄弟擔任主席，於是利用休息時間，給德國朋友放些幻燈片，乘機介紹中國傳統的仁愛思想。當兄弟於影一張「萬里長城」圖片時，順便提出，中國並沒有給秦始皇任何的工程獎章，原因是秦始皇不尊重文化，殺戮念書人，是位「好戰」的獨裁者；但是，秦始皇雖在那時不愛和平，可是在統一天下之後，卻不再想和外人打仗，萬里長城的建築，就是不想與匈奴作戰，而保持中原的和平。兄弟就此結論出，就連中國的一個壞皇帝，還是愛和平的。匈奴越不過長城，卻能翻越阿爾卑斯山，打到歐洲，直揮軍北非；這表示匈奴不弱，但是中國更強；而強者亦愛和平。

講到這裏，有位德國同學搶着發言，說：「鄔先生，我有一個具體的明證，證明中國是個侵略的國家，證明中國人是個侵略的民族。那就是中國最早發明了火藥。」兄弟還未來得及回答，一位韓國同學先舉手發言，說：「請問中國人一直到現在爲止，是否仍然用火藥做鞭炮、做烟花，作爲婚喪喜慶之用？而洋人比較晚發明火藥，但是，很快就以之發明了機關槍，試問機關槍是否在結婚的時候用？」

顯然的，中國人在許多方面，都有「競爭」的能力，但是，卻把這種能力，用於「仁愛」的提倡和發揚，絕不以「鬪爭」或「強權」來自誇或自傲。正如蔣院長前些日子所說明的，目前中華民國的確有製造核子武器的能力，但是我們絕不做原子彈；這說明正表示着中國優良傳統「愛好和平」的事實。

我們這就進入本題的第二部分，探討共產主義的根本內涵，而且，站在人性和人道的立場看共產主義的哲學基礎。

第二部份　內在涵義

上面提及到，共產主義在歷史上的考察，其起源是由錯誤與偏狹的知識論。知識論的材料當然不能憑空揑造，而是當時當地的具體情況。

當然，馬克思和恩格斯發表了「共產宣言」，原是有其「社會觀察」的依據。這依據和當時中國在世界上的存在情況有極其類似的地方。

原來，在西洋的十九世紀後半期，是產業革命後的形勢，這形勢由於機器的高度發展，而造成經濟上勞資雙方的對立：在手工業時代，工人一天能做兩雙皮鞋，其時資方可能祇賺一雙的錢，而另一雙的利潤由工人分享；可是，在機器的操作下，一個工人的工作進度比手工增強了數十倍；當然，從資方所得到的工錢不可能增加到成正比例；於是，馬克思以爲這是資方剝削了勞力，而勞工階級有權利起來革命，用武力爭取應享的利潤。

中國的情形，當然不是本身的勞資對立，而是列強的侵略，無論是經濟的，或是政治軍事的，中國當時所面臨的，就是受到瓜分的禍患。馬克思和恩格斯在西方勞資對立時，要主張正義，要平均財富；中國當時的士大夫，也本着救國家、救民族的宏願。馬、恩主張工人起來革命，打倒資本家；而中國人則要自強，反侵略，打倒帝國主義。這一切出發點，都是正常的，其動機亦是光明磊落的。問題的發生在於：方法問題。是否講社會正義，就一定要「鬪爭」？是否要中國強盛，就一定要丢棄傳統？

這是方法的抉擇問題。

更進一步的問題是：爲什麼人性不用「仁愛」，而非要用「權力」來解決社會正義不可？

當然，照馬、恩的「歷史決定論」，正義祇能由暴力奪取，因而在「共產宣言」中，就預言出英法必然會掀起工人革命。而歷史告訴我們，英、法的資本家，可以而且事實上，曾經透過「法律」，而用「仁愛」的原則，主持了社會正義，「政府」居於勞資雙方之間，調解了雙方的矛盾和對立。

解決問題，並不一定要用武力。

獸性時代，要靠「物競天擇」「弱肉強食」的原則，才能進化，才能生存，才能發展；但是，在人性時代，則要用「仁愛」和「互助」來解決每一種問題。

「武力」和「仇恨」祇能醫標，不能治本；寃怨相報，終是了無盡期的。

原來，西洋哲學發展到十九世紀後半期之後，由於從十六世紀就開始的「人文」口號，已漸漸迷失了人生的方向，對倫理、藝術、宗教的人性高層，已無法把握；於是發展了唯物、實證、實用、功利、進化等末流思想，把持着學術界。這些新興的學說，都屬「自然主義」之流，他們的哲學基礎也全在現實的「仰觀俯察」；於是，從現實的觀察中，獲得了當時社會不平等，沒有社會正義，人性受到壓迫的事實。

這種事實的發現原沒有什麼了不得的結果，壞的結果來自「情意」的衝動，以及選擇的偏激。

這就等於一個人，觀察老虎的行為，總是發現牠在肚子餓時，就撕殺一隻山羊來充饑；觀察蚊子餓了，就吸吃人血來解渴；在這些觀察之後，所得出來的結論，當然就是「競爭」的世界。

「自然主義」的全部傾向，就是利用對「物理」的研究，找出「做人」的原則。於是，當進化論在禽獸世界中，找到生物的發展原理時，就以為這是所有「有生命」的東西，都應當這樣，都應當由這種「物競天擇」的原則，來支配其生滅、生存及發展。

從禽獸的行爲的觀察成果，應用到人類的行爲上來，這是進化論的最大毒害。於而當時的情形，人類所遭遇到的困難，恰好又是「弱肉強食」的社會問題最多的時代。於是，共產主義以及唯物論的「鬪爭」的人生觀，就這樣建立，也就這樣發展，並且，也就這樣受到人們的重視和接受。

從「鬪爭」的人生觀開始，社會、經濟、政治，都採取了這種原則。於是，奴隸制度以及殖民主義，在工業發展的社會中，比起原始社會時代更可怕、更殘酷。

西洋人在十九世紀後半期對有色人種的歧視、奴役，以及發動的各種戰爭，不能不歸罪於十九世紀就開始的這些哲學流派。

這種「物理的」以及「生理的」決定論，究竟在哲學的探討上，佔了多少份量呢？當然，老虎依着其獸性，肚子餓了就一定要撕山羊；蚊子餓了也非要吸人血不可。我們總未見過一隻老虎因爲反抗動物的待遇而絕食抗議的；同樣，一隻蚊子也不會忍着饑餓，去設法昇華自己的「思想」。

但是，就在現象的觀察上，人性畢竟有不同於禽獸的地方：人能夠爲了某一種理想而忍受饑餓，看着前面的飯而進行絕食；老虎祇會愛自己的小孩子，但是，人類卻會「幼吾幼以及人之幼」；在托兒所中，所有的母親都能安心地把幼兒寄托給別人，你可曾見過老虎也辦托兒所或幼稚園，也會收容別人的小孩子？

物質環境能百分之百地控制並決定禽獸的行爲，但是，人類卻可以支配環境，而超越環境的限制。

兄弟七年前歸國時，常與同學們在週末遊山玩水，有一次爬臺北郊區的指南宮；當我們正在山徑上遊玩時，路旁一位帶墨鏡的人，指着同行的一位同學的鼻子說：「呀！先生，你的鼻子好漂亮，要不要算一算？」那位同學很調皮，就和算命先生搭訕，說自己對過去沒有興趣，對太久遠的未來也毫不關心，祇希望知道自己卽將來臨的事，問算命先生是否能替他算出來。當然，算命先生不甘示弱，就滿口答應說，一定算得準，否則不收錢一類的話。於是，我的那位同學作了個立正的姿勢，說：好！現在就請你算一算，我的下一步先走右脚，還是先走左脚？

當然，算命先生無法從那位同學身上，獲得一餐中飯。這是人性的「自由」問題，不是任何的物理和生理的「命定」所可預測的。

唯物論者和進化論者，因爲要強調「從獸到人」的倫理規範，因而不再在人類歷史的「自由」問題上，去看人類的發展和進步，亦卽是說，不去考察人性爲自己未來設計的「前瞻」問題，而一味在各種當時的現實中，找尋人性的「後顧」的歷史，卽是探索人類生理的來源，甚至物理的來源。於是，進化論的假設「人是從猿猴進化而來的」，很容易爲唯物論者所接受。因此，西洋傳統的「人是上帝的肖像」的尊嚴和價值，遭到殘酷的否定，而且，更嚴重的是，從「

上帝肖像」所直接支持和導引出來的，「人人生而平等」的原理，也遭到否定。「物競天擇」的原則，根本上與「人人平等」勢不兩立。「人高於獸」，「人爲萬物之靈」的價值批判被否定之後，更增長了「競爭」和「鬪爭」的聲勢。

兄弟在讀初二時，共匪赤化了大陸，記得指導員在第一課「新民主主義」時，就指出：「人是猿猴變的，這是鐵一般的事實」。記得當時班裏有位同學，立即舉手發言：「報告各位同學，我們的這位指導員是猴子變的。」這句話引得哄堂大笑，自不在話下；但是，指導員卻正色說：「不但我是猿猴變的，我們大家都是猿猴變的。」他特別強調了「我們大家」四個字。

當然，每個人心裏有數，誰都不肯單獨是猴子的子孫，就如目前自由世界的少數親匪份子，若要他們回匪區定居，他們是絕對不肯的，是同一原理。

以獸性發展的原則，來界定人性社會的發展，以「鬪爭」的關係，來界定人際關係；以現象的觀察，作爲對本質的把握，就是唯物、共產思想的核心，也是共產主義永不改變的、赤化世界的武器。

可是，面對着這種知識的考察，我們是否能靜下心來，以整體的探討，觀察事物的每一面向。我們在觀察事物時，總得問一問，現在所看到的現象，是不是全部，抑或祇是一部份？禽獸世界是否祇有「競爭」和「鬪爭」？禽獸與禽獸之間，是否亦有「互助」的現象？一個人，觀察老虎撕殺山羊的事實，是否同時亦觀察到母老虎對小老虎的「愛心」？是否觀察到昆蟲世界的「互助」？像螞蟻、蜜蜂等？

固然達爾文和赫胥黎曾在熱帶地區、非洲南洋等地，找到了「弱肉強食」「物競天擇」的生存原則，可是克羅泡特金，確也在我國東北一帶，尋找出「互助」才是生物生存發展的原因。眞的，老虎撕食山羊，固然是禽獸世界「優勝劣敗」的表象，可是，虎毒不吃子的眞理，卻也提供了「仁愛」和「互助」的本性。

在禽獸世界中，有「競爭」也有「互助」，有「鬪爭」也有「仁愛」；這是哲學入門時，觀察全部現象時，必需有的結論；片面的，以偏概全的主張，對整體的「宇宙」和「人生」的探討，都會失之以偏，都會導引出錯誤的結論。

上面提到的對禽獸社會的觀察，在正常的狀態下，有「仁愛」，也有「鬪爭」；但是，如果在某種不正常的狀態之中，觸怒了某種野獸，也就因此有瘋狂的舉動產生；一羣發怒的象羣，可以毀滅許多村落；一羣被激怒了的蜜蜂，也會盲無目的地咬人；一頭本來馴良的狗，在被迫進了死巷，也會瘋狂地咬人。

現在，問題已經漸漸地明朗，一個有理性的人，一個被稱爲萬物之靈的人，站在大自然面前，觀察到各式各樣的行爲，在「或此或彼」的選擇下，應該「學」禽獸的「競爭」和「鬪爭」？或是學習「互助」和「仁愛」？在正常的社會發展中，去求取爲人處世的原則？抑或是在過渡時期，或不正常的病態的社會中，去找尋做人的道理？

在萬物的現象中，形形色色，有兇惡殘暴，亦有倫常仁愛，有正常的人文社會發展，亦有社會病態的出現。西洋十九世紀後半期的社會，就是病態的社會，在工業革命之後的勞資對立，貧富懸殊，都不是社會正常的發展；唯物論與共產主義者，竟提供了當時的社會情況，作爲研究人性，確立人生觀的準則和依據；然後再加上禽獸世界的「壞」的一面，採取了「鬪爭」的手段；亦即是說：共產主義學說的根本，來自人文世界病態社會的觀察，以及來自禽獸現象觀察的片面，所集合起來的一種人生觀和宇宙觀。

站在人性以及人道主義的立場，我們強調：人性高於獸性，在人與人之間的關係中，不應再以「競爭」和「鬪爭」作爲社會發展的原動力，而應以人的尊嚴，提出「仁愛」「和平」的行爲，來促進社會的進步繁榮。

縱使人類可以學老虎的行爲，但爲什麼一定要學「殘暴」的部份？而丟棄「虎毒不吃子」的倫常？共產主義所實施的鬪爭，兒女鬪父母，豈不是連禽獸都不如？

在「鴉有反哺之慰」以及「羊有跪乳之恩」的觀察下，親情不但是人性的倫常，而且在禽獸中，亦可找到。「家」的破壞，原就不但違反了人性，而根本違反了生物存在以及發展的法則。

「親情」原就是中國五千年文化的優良傳統，這傳統尤其生根於「家」的結構中。共匪掠取了大陸之後，由於要實行人際關係的「鬪爭」，因而用盡方法破壞家庭，人民公社就是很好的例子。

「倫常」傳統的意義，除了落實到「家」文化之中，世代相傳之外，最重要的，就是記載在史册之中；中國就很特殊的文字，作爲傳遞文化的工具；共匪要消滅文化，要推廣馬、恩、列、史的「鬪爭」思想，所以也就不遺餘力，把漢字拉丁化。這誠然又是一種挖根的工作。

可是，站在自由基地去看大陸時，我們總會覺察出，人性是不能泯滅的，人性所追求的自由，也永遠照耀着被奴役的百姓。二十多年來他們學得了鬪爭，但是，終究也會知道，究竟應向誰鬪爭。天安門的事件祇是開始。

第三部份　當代意義

在「史的發展」與「內在涵義」中，我們窺見了共產主義如何以病態的時局作背景，又如何利用士大夫的迷失爲機會，誕生在西洋十九世紀後半期，在二十世紀又泛濫到中國大陸。共產思想赤化世界的陰謀，總是藉着各方面的危機，逐步作「思想」的滲透。

我們靜心地觀察中國當時如何受到赤潮之禍，共產邪說如何利用唯物、進化、實用、功利等學說，來推翻我國幾千年的傳統，然後才揭開其眞面目的各種手段和過程，也許就可曉得今天在此地的各種思潮，究竟那些隱含着危機，那些思想家縱使自身不是左傾的，甚或是內心亦是反共的，但是，卻不知不覺地爲唯物思想鋪路，上了共產主義統戰宣傳的當，尙不自知。

還有一層，在「歷史演變」中，我們亦可把西洋淪入共產學說爲借鏡，看黑格爾左派諸人，如何先摧毀宗教情操，先否定神學的學術價值，進而以唯物的機械觀，代替精神的目的看法，而孕育了馬克思和恩格斯的共產宣言式的「鬪爭哲學」。

可是，歷史的事實指出，西方上了共產主義的當，祇是在學理上，而沒有落實到政治體系中。西洋十九世紀的思想迷失，在二十世紀之初，就有新興的思想起來修正；亦卽是說，西洋唯物的病症，在二十世紀初，已經開始服藥，而漸有起色；如英國和法國，雖然走着資本主義道路，在工業革命後，有着極尖銳的貧富懸殊，但是，卻並沒有像「共產宣言」所預言的，將發生勞工革命，而卻由於各種保險和工會，由政府居中，而緩和了勞資之間的衝突。

在思想的理論上，西方的上帝終究沒有使十九世紀後半期的思想，導引西方人走向迷失，而反過來，就在一八五九年的同一年中，給西洋送來了三位先知；分由不同的語言體系，領導了西方的精神思想，同時修正了唯物、實證等主義的偏差：在德國出現了現象學大師胡塞爾，氏以意識的心理探討爲研究的中心，配合着數理的科學方法，重新在邏輯法則之中，找到了精神的價值，以及精神主體在知識論上的主動性；胡塞爾的現象學出，德國唯物論在學術上就再也抬不起頭來；正如二千多年前亞拿撒哥拉斯的唯心，打倒了機械論學派一般。

在法國誕生了一位柏格森，氏發展了生命哲學的課題，一方面在物質的層次中，重新尋獲了精神，另一方面指出了生命層次絕對超越了物質的階層，因而提升了精神價值和其獨立性；柏氏精神價值的提出，使由孔德爲首法國實證主義的學說，在巴黎——哲學家之城中，再也發揮不出其迷惑的力量。

在英語系統中，也出現了杜威，氏以工具主義的理解，修正了實用主義的過激部份。

胡塞爾、柏格森、杜威三位思想家，在修正唯物、實證、實用的邪說上，都作了絕對性的批判，同時不約而同地提出了人性的精神價值和尊嚴。

西洋的二十世紀思想，尤其在歐洲大陸的德、法二種語系中，漸漸拾回了中世哲學以及希臘思想的精髓，而擯棄十九世紀人性的狂妄所帶來的迷失。

西洋人中固然在二十世紀的時刻仍有一些「衞星」國家，在實行着「共產政權」，但是，凡是對東歐有瞭解的人，都很清楚地知道，祇要蘇俄的坦克一開走，衞星就馬上改行軌道，東歐百姓立刻就會唾棄共產政權。

西洋在思想上的覺醒，主要的，就是剛才說的：現象學提供了意識的目的性，代替着對宇宙和人生機械唯物的解釋；還有就是生命哲學提供了個體與整體的共存關係。目的性和關係性，都在要求高度的精神中心。以精神作爲中心的學說，在根本上就是反對唯物論。

在「歷史發展」的探討中，我們曾經由很仔細的分析，得出了如下的結論：

唯物思想導引了共產主義。

唯物論的開始是反宗教。

原因是，在黑格爾左派中，大多數是站在神學的立場，去反對教會；馬克思甚至提出「宗教是人民的鴉片」，以爲宗教不但騙人，而且還會毒害人。再進一步來看，在中國的共產主義起源及發展的因素中，亦帶有濃厚的反宗教色彩，而且在接受西方思想的同時，引進了唯物、實證、進化等思想。

近來，大陸同胞亦漸漸地覺醒了，他們一方面是受了此地三民主義實行的成果，尤其民生主義中經濟發展部份，與大陸百姓生活對比時，眞有天淵之別；在「民以食爲天」的體驗中，任何人都會覺察出共產主義，在本質上就是違反人性，違反人道；人性的覺醒，人性的尊嚴和價値，絕不是共產政權所能予保存，更遑論發展和進步了。

大陸同胞覺醒出來的人性，究竟是什麼？這是我們要問的第一個問題。

第二個問題是：我們深信，匪僞政權正因爲其共產主義本質的「鬪爭」，必定會「奪權」，互相殘殺，毛匪澤東的去世，也正好使奪權更形白熱化；其自相殘殺的內鬨，就足以使其政權瓦解，何況還有李一哲大字報的理論，以及天安門的行動？更主要的，還有海外幾千萬的華僑，茹苦含辛地保存着中國傳統文化，誓死要討毛救國；最後，還有絕對優勢的三民主義領導下的臺澎金馬反攻基地。光復大陸祇是時間問題。眞正的問題發生，就是在光復大陸之後，我們總不致於請日本人或是美國人，去教育我們的大陸同胞；能夠而且應該負教育中國年青一代的，還是以三民主義爲信仰的反攻基地和許多僑民。

現在，如果今天就反攻大陸成功，我們能給大陸同胞什麼？當然，毫無疑問的，首先要以民生主義的成果，使他們脫離饑餓；但是，在物質建設之外，用什麼樣的精神食糧來滿足他們？使他們過得更幸福？更有意義？我們是否能把我們目前在教科書中所學到的，唯物、實證、實用、功利的十九世紀的洋東西，去教導他們；或是我們眞的有足夠的優良傳統文化的東西，和他們共享身爲中國人的光榮？我們在大衆傳播工具中，是否也教那些幼小的兒童「英文」或「美國話」？也給全國兒童開個必修的「鵝媽媽」節目？

兄弟膽敢在這裏肯定說：大陸百姓絕不再要唯物、實證的思想；他們已經二十多年受到了「物競天擇」的遺害，「人是猿猴變的」一套，已經使他們過了四分之一世紀暗無天日的生活。「反宗教」「反倫理」的那些學說，他們已經學得太多了，已經上當上得太深了。

大陸百姓的覺醒，因之也就在人性的精神生活上，在人與人之間的「仁愛」和「互助」上，在個人修養的宗教情操上，一句話，他們要過一個合於人性尊嚴的生活，他們要度一種人道主義的生活。

剛才提到，大陸人民的物質生活，在毛共政權被推翻之後，可由民生主義的物質建設補足，由於國人勤勞的天性，很快就會到達豐衣足食的生活水準。可是，精神建設呢？很顯然的，天安門事件也好，李一哲大字報也好，百姓所提出來的，百姓所不滿於共產政權的，都不是「吃不飽、穿不暖」的事實反抗，而是指向精神生活方面的東西。

因而，我們在反攻基地，要注意到的問題，就是如何把握住人性的需求，又如何配合這需求，去理解三民主義的精義，然後把這種思想編成最簡單明瞭的課本，利用各種大衆傳播工具，傳到大陸同胞耳中，進入大陸同胞心靈深處。

可是，我們若低頭反省一下，不說別的人生觀，或者中國傳統問題的探討，就連基本國策的基礎「三民主義」，也有不少名望很重的「專家」，用唯物思想，用唯物辯證法，甚至用反宗教的思想，來解釋。當然，這種想法和做法，不但在實行上，根本違反了 國父以及 蔣總統的所言所行，而且亦的確懂錯了三民主義的根本精神所在。

唯物、無神、進化，是共產主義赤化中國大陸的武器；鬪爭、仇恨、奪權，是共產政權二十多年來的所做所爲；而這一切又由反傳統、反倫理作爲舖路的工作。我們反攻基地所應特別留心的，就是嚴防此類思想的滲透。當然，共匪要連根拔除三民主義思想基礎的話，其最容易、亦最有效的方法，莫過於把三民主義的根本，看作是唯物的、進化的。

當然， 國父遺教中，的確有進化思想，但是，這種進化是超乎了達爾文主義，更超越了唯物史觀的；因爲依照 國父的進化學說，不但從物到獸，從獸到人，從人到神的各種過程的發展和進步，而且亦提出了各階段的根本方法，那就是：從物到獸，從獸到人的階段，是由「鬪爭」，由「物競天擇」，「優勝劣敗」爲原則；但是，從人到神的階段，則必需講「互助」，講「仁愛」。在進化過程中，物祇是過程，不是終站，而神才是目的；「鬪爭」已成過去，從人性開始，就應該放棄獸性的鬪爭方法，而以人際關係的仁愛作基礎。這「仁愛」，這「互助」， 國父以基督宗教的「博愛」來表出。唯有倡導人際間的「博愛」，才能抵禦共產主義的「鬪爭」理論；唯有以民生史觀的「均富」，才能消滅共產政權的「共產」。

因而，精神生活的重建，爲反攻基地以及光復大陸都是當務之急；但是，在自由基地尤需最先做好。

目前在此地的思想危機，最主要的，就如剛才提及的三民主義唯物化，接着來的，就是西風之下的一些思想末流，蒙上「學術化」或「現代化」的面具，而實際上，有意或無意地作着腐蝕民族文化，爲共產主義作了舖路的工作。

有不少崇洋的學者，介紹了一些心理的、或是行爲主義的東西，主要的就是用物理，或是生理，或是心理與環境的關係，來界定精神的價值；以「從物看人」，或是「從獸看人」的原則，來界定人生的意義。把白老鼠的試驗成果，栽贓到人類行爲上來；先是否定人的自由，繼而否定人的尊嚴。人性沒有了尊嚴，什麼事都可以做，什麼事也都做得出來了。

可是，近年來，研究三民主義的人越來越多，三民主義研究所的設立也如雨後春筍，唯物論的陰謀，漸漸地已被揭穿，甚至，打着存在主義、行爲科學的招牌來欺騙人的一些學者，也漸漸地露出了自己的尾巴，而眞正懂得存在主義的人，以及眞正瞭解行爲科學的社會學者，也不能再緘默，而開始說話了。

在這裏，我們要特別強調的，也就是共產主義來自唯物，唯物來自反宗教，而反宗教的情緒，來自人性的迷失和愚笨。而國父孫中山先生和故總統蔣公的信仰和學說，則是拯救中國的明燈。我們所深信的，也就是以建立在人性上的三民主義，終有一天戰勝邪惡的共產主義。我們的立場是站在人性和人道主義上面，我們的方法是精神價值的肯定，包括道德規範、藝術才情、宗教情操。

完了，謝謝各位！

——中華民國六十五年十月四日講於苗栗新竹桃園

我們的人生觀

諸位先生，諸位女士！今天很榮幸有機會跟各位討論一個人生根本的問題——我們的人生觀。當然，在座諸位有許多比我年長，是我的前輩，對人生的體驗比我豐富得多，因此，也許有人從心底說：我吃的鹽比你吃的米多，我過的橋比你走的路多，看你尚不到不惑之年，怎敢在我面前談人生？的確如此！兄弟生活體驗委實不多，但兄弟亦絕對不敢在諸位前班門弄釜。好在今天是學術熱門時代，我們從多方面的學術探討，來討論一個課題，相信對問題的認識與解答，都會是有幫助的。兄弟今天也就懷着這種心情，來求教諸位。

記得在十幾年前，兄弟還在臺大求學的時代，有一天報紙上刋載了一則這樣的新聞：一位殺人搶刼犯在法院中被判了死刑，當法官依例問他有什麼話要說沒有，他回答說：「有！我要告訴法官，布告天下，我的人生觀是：頭要頂天，脚要立地，中間良心要黑！」當時兄弟看了這種想法，委實嚇了一跳，心想天下間怎末會有這種人！

現在，我們今天的問題就這樣展現在眼前。世上爲什麼有人的人生觀是「良心要黑」？又爲什麼有人聽了這種觀點會被嚇一跳？爲什麼會有兩種相反的人生觀？

爲了探討的方便，我們且分三個部份來進行討論：先是站在課題之外，以客觀的態度來看人生觀的歷史演變，在歷史演變中，我們把握住中、西人生哲學的不同看法，進而釐清出各種人生觀的淵源。在站在課題之外的歷史觀察之後，就進入問題的核心，在課題內部去找尋它的內在涵義。在內在涵義的探討中，我們認定人生必須有價值批判，對自己的生命必須肯定，對自己的想法和做法必須有一種自定的準則。在歷史發展和內在涵義的探討之後，就從學術抽象園地中出來，落實到當代意義的具體探討中。在當代意義的探討中，我們再也不討論，是否每個人都要有人生哲學的觀點問題，而是進入主觀的感受，討論我們在現代的情況下，應該採取怎末樣的一種人生態度，來實現人生的意義，來完成人生的理想。

我們這就開始分三部份來申論。

第一部份　史的發展

一個人生存在世界上，當他開始意識到自己存在時，總是要問兩個問題：第一、他爲什麼生存在世界上？第二、在天和地之間，在人與人之間，他應該如何做人處世？也就因了這兩個問題

——「爲什麼」與「如何」，人類開始由荒蠻漸漸進入文明。

可是，也許由於地域環境不同，也許個人生來性情不同，因而，問題的提出固然相同，但是，答案卻有非常大的差異。這差異會跟「良心要黑」，或「良心要清白」的對立一般。

這些差異的形成，與文化的傳承有很大關係，尤其是中、西文化背景的不同，因而也造成了中、西人生觀的互異。我們現就分爲兩段來看兩種人生觀的來龍去脈。

一、中國

中華民族發源在黃河流域，發展在廣大平原上，因而先天具有廣闊的心胸。中國的先民，也就在問及人「如何」生存在天與地之間，生存在人與人之間，而發展了「爲什麼」生存的哲學思考。就在這兩種問題的答案追求嘗試中，道家懷有雄偉的氣質，問及人與自然的關係，以爲「和諧」才是人與物共存的根本原則，因而發展了「順自然」，進而「無爲」，再進而「物化」，而終止於「天地與我並生，萬物與我唯一」，或是「與造物者遊」的境界。

另一派哲學則關懷到人際關係，問及人與人之間相處的倫理規範；這就是儒家哲學的重心，以爲忠孝仁愛才是做人處世之道，因而奠定了各種倫理規範，進而設置了「禮」的藍圖，而終止於修身、齊家、治國、平天下的具體理想。

因而，先秦的祖先所設計的人生觀，就是以縱的「忠」和「孝」，以及以橫的「仁」和「愛」，作爲座標，來規劃人生的大圓周。

忠於君，忠於朝，忠於國家民族；孝敬父母，孝敬祖先，終止於仁民愛物。「仁」的理念，是先秦哲學發展的極峯，而落實到具體的個人時，則可以是獨善其身的「君子」，但必然亦同時是兼善天下的「聖人」。

聖人與君子所能引導的社會理想，就是按部就班地，從修身到齊家，到治國，到平天下；大同世界是中國先民的終極人生目標。

但是，可惜的是，這種「一切皆以修身爲本」的規範，很快就被秦始皇以及後起的漢武帝等人破壞了。「長生不老藥」的追求，把中國文化帶進了煉丹、畫符、算命、看風水的末流中；這種「運氣」以及「機緣」的妄想，使人不但忘記了立德、立功、立言的三不朽，而且亦忽略了「一份耕耘一份收穫」的信念。

在文化末流及危機中，幸好從印度傳來了佛學。小乘的「報應」觀念，至少在前生前世、今生今世、來生來世三度時間的劃分中，支持了「修身」的道德規範。當「輪廻」的教義超度了時空觀念，同時超越了善惡報應時，出家的小乘就轉入了入世的大乘。

佛的大慈大悲，以及普渡衆生的宗教情操，實踐了先秦世界大同的另一種層次，而「涅槃」的境界，發明了「仁」的另一意義。

宋明在中國文化傳遞中，發揮了民族意識的深度，周易的研究，使人在宇宙中的地位，獲得了儒、道、佛三種境界；人的價值因此不再是靈活的頭腦，而是豐饒的心靈。從心靈出現，再度探討，再度發揮了修、齊、治、平的人生規範。

清朝入主中原，最先忽視並有意忽略了「忠」的精神教育，後來又改去了六藝的文武兼備的教育，而把士大夫塑造成弱不禁風的體能，以及祇做詩詞歌賦的心態；及至西風東漸，英國人輸進來的鴉片，終於使中國成爲東亞病夫。

當然，如果天和地之間祇有中國，如果科舉制度是唯一的人生出路，則滿洲的模式仍然可以續存下去；但是，除了禮義之邦之外，還有以奧林匹克爲中心的西洋，而西洋的船堅礮利，也眞的破壞了清廷的朝野寧靜。

我們現在轉向西洋。

二、西　洋

西洋文化發源於希臘海島，海島生活的捕魚型以及商業型，創造了競爭的文化。這種競爭的文化暴露在奧林匹克的時空中心，而且，由這中心出發，催生了奴隸制度與殖民政策。在這種制度和政策下，人與人之間的關係變成了「弱肉強食」，「優勝劣敗」，喪失了精神的尊嚴和價值。

從亞歷山大大帝東征西討，到凱撒大帝併吞歐、非以及小亞細亞，都在說明洋人侵略的心態。希臘哲學的誕生，無論是柏拉圖的理想國，或者是亞里士多德的倫理學，甚至羅馬時代的司多葛或伊彼古羅斯，都無法與奴隸和殖民的傾向抗衡。

我們在研究歷史時，總會覺得奇怪，希臘的征戰、羅馬的討伐，怎麼會中止下來？其奴隸與殖民怎末會停頓？原來，上帝也從不拋棄白種人：就在西方趨於互相殘殺，而瀕臨毀滅邊緣時，一位黃種人藉殖民和奴隸的身份，挽救了西洋。

希伯來民族以「靈魂爲上帝肖像」爲教義，說明了人人天生平等的眞諦，而又以工作六天休息一天的「安息日」制度，提示着人性的尊嚴和價值。顯然的，耶穌基督的這種思想，把摩西的「十誡」眞諦用一個「愛」字去統合的理想，不可能被奧林匹克精神所接受；因而，羅馬迫害基督徒達三百年之久。但是，洋人忽視了兒童教育的重要，而基督徒卻以奴隸的身份，教導了羅馬的下一代。在三百年的悠久歲月裏，基督徒以自身的生命和鮮血，以及不停的傳道，終於培養出一位皇帝——君士坦丁來了。君士坦丁大帝登基之後，大赦天下基督徒，並把基督宗教定爲國教。於是，仁愛代替了殘殺，平等代替了奴隸。

雖然，基督仁愛的思想壓制了西洋奴隸殖民的想法，達一千多年之久，但是，奧林匹克中心的精神，在文藝復興、啓蒙運動中，又死灰復燃，拋棄了仁愛，而再度主張強權。這種只有強權沒有公理的思想在落實到行動中時，又是殖民和奴隸；到了十九世紀，不但白種人在企圖瓜分黃種人的土地，而且在美洲做起販賣黑奴，在亞洲做起賣豬仔的勾當。

不但在行動上受着帝國主義者的支配，就連學術界也受到感染而中毒：德國產生了唯物論和共產主義，法國出現了實證主義，英國有功利主義和進化論，美國興起了實用主義。這些十九世紀的產品，都在侮蔑着人性，都在宣揚物質重於精神，甚至發展人性中獸性部份。

三、中西交往

中西的交往，並不是在西方文化高潮的時代，甚至亦不在至少一方思想健全的世紀，而是在中國成爲「東亞病夫」，而西洋卻在張牙舞爪的時代。於是，在幾次戰爭的接觸中，中國的慘敗，城下之盟，割地賠款，終使中國人從優越的天空掉進了自卑的深淵。在自強的呼聲中，船堅礮利固然是西化的課題之一；但是，問題的重心卻轉移到中國傳統文化的持續價值。於是，思索不夠周全的「全盤西化」，提出了「打倒孔家店」的口號；「五四」的反傳統，以及「非基督同盟」，都在設法用「競爭」取代「仁愛」；這種取代的結果，就被第三國際所利用，到最後就是神州的赤化。在共產治下的人生是講鬬爭的，沒有仁愛可言的。

當然，在中、西人生觀的歷史發展中，我們至少可以看出：競爭鬬爭的人生觀是西洋的產品，是反人性和人道的。而中國文化傳統中則以和諧、禮讓、仁愛爲人生態度，去解答「如何」生存在天和地之間，去解答「如何」生存在人與人之間的課題。

要爲中國的未來，甚至世界的未來，確立正確的人生觀，歷史的教訓絕不可忽略。

第二部份　內在涵義

人類無論有那一種看法，也無論有那一種行爲，都能夠用求知的方法去解釋，求得其所以然的原因或動機。不同的人生觀當然也有其不同的思想的基礎；而思想基礎問題，也總是按着從知識論走向形上學，再從形上學走向價值哲學的次序。

在中、西人生觀歷史演變過程中，我們覺察到兩種極端不同的看法，對各種現象有不同的解釋；從不同的知識解釋，超升到形而上的做人處事態度，然後把這些態度，落實到行爲之中。就在這種「內在涵義」的探討中，我們分成兩方面來考察：先是個別事例的清查，後是整體過程的研究：

一、個別事例

在知識的追求中，人性能夠仰觀天象，俯察地理，把宇宙間事理抽象出來，作爲人類行爲的準則。唯物論者採信了進化論的學說，觀察到老虎撕吃山羊，老鷹抓吃小鷄的悲劇，因而發展出「弱肉強食」「優勝劣敗」的形而上原則，然後將之過渡到人生哲學來，以爲人性和獸性一樣，相互之間爲了生存，亦應互助競爭，互相鬪爭，甚至互相殘殺。這種學說一直落實下來，就造成了共產主義的政治社會型態。

可是，在另一方面，我們在哲學全面性的思考上，要問一問那些「弱肉強食」的事實，是否爲事實的全部眞象？固然老虎肚子餓了要撕吃一隻山羊，可是，母老虎雖兇，卻總對自己所生的小虎百般撫愛，因此，古人徹悟了「虎毒不吃子」的道理；還有，對烏鴉的觀察獲知了「鴉有反哺之慰」，對羊羣的觀察結論出「羊有跪乳之恩」，而指出禽獸都知道「孝」，人類更應該發展孝道。在古人觀察狗的行爲時，曉得其對主人至死不渝的忠誠，誰都見不到一隻狗會因主人潦倒了，而跟着別的有錢人跑；因而，我們的祖先亦在狗的身上找到了「忠」的精義，而覺得人爲萬物之靈，更應當盡忠。

「忠、孝、仁、愛」的形而上基礎，因而建立在知識的探討以及推論的正確上。知識的全面性很重要，不但在剛才的比方上，要清查事實的兩面，而且亦要把握住事物的內外；就如自殺的問題探討，若單在個人的「內在涵義」看來，人是自己的主人，自己若與自己的存在過不去時，就可結束它；但是，這種「可以自殺」的論調忽略了個人存在的「外延」，個人的被愛與被關心，人與人之間的各種人情債，就會說明一個人固然在一方面有自殺的權利，可是在另一方面卻也有活下去的義務。用權利義務並重的尺度去看人生，也許就不會執意主張自殺的行爲是許可的了。

再其次就談到在發現問題之後，要用何種方法去解答的課題。譬如貧富懸殊的問題，馬克斯和恩格斯二人，在遊歷了法國和英國之後，發現了工業革命後的勞資間利害衝突，並體會到資本家剝削工人的事實；如是就輕易地在共產宣言中提出：將來的工人革命，一定發生在法國和英國；而且，要使貧富差距縮小，最主要的是工人要起來打倒資本家，窮人用武力奪取有錢人的財富；於是，以鬪爭爲主的政治社會型態就產生了。

但是，我們要問，在貧富有差距的社會中，果眞祇有窮人用武力搶奪有錢人一途？再則，是否在工業社會尚在進行，而貧富懸殊尚不大時，就先避免其發生？

英、法沒有工人革命是歷史事實；有錢人由政府抽稅，而用稅金作社會福利，到最後發展了福利國家，同時拉近了貧富的距離。或者，如 國父孫中山先生所提倡的，先用平均地權和節制資本的路線，避免走向資本主義的後路，先以「均富」的方式安定國家？

二、整體探索

西方思想總會走向對立的極端，稍不小心，就發展出對立、矛盾、荒謬等概念；因而有唯心唯物之爭，有主體客體之辨，有機械目的之爭。前些日子，與一些反共義士座談，有位義士很坦白說出：他站在生活的立場，絕對反對大陸政權下的生活方式，而贊成臺省的生活；但是，在思想的原理上，卻仍然相信唯物辯證。他舉出手中的原子筆爲例，說：「你說原子筆是精神？還是物質？它當然是物質！」從這裏，這位義士就口若懸河地用幾分鐘時間，把唯物辯證法的體系簡單扼要地說明了。末了，他還說：「如果在座諸位，那一位能駁倒我剛才的理論，我才放棄唯物論。」

當然，如果以原子筆爲例，而且祇准用西洋的二分法，在唯心和唯物二者中選擇其一的話，則「原子筆當然是物質！」的定案是沒有錯。但是，問題就在於二元論本身站不住脚；原來，原子筆「不單」是物質，它是精神所控制下的物質！原子筆是人文世界的產品，是人的精神內在於物質的表現，是物質分受了精神的成果。而且，在人文世界中，一切都是精神內在於物質的存在，並沒有絕對的「當然是物質」。國父孫中山先生繼承中國道統，創立「心物合一論」，就是懂透了此中原理而發的。

三、取長補短

我們在中、西人生觀歷史演變中，看得很清楚；無論中國在兩漢之後，或是西方從羅馬之後，自身文化經已衰退，而自身都無法用道德規範來拯救危亡時，都是由外來文化的接納、消化、改造，而創生出新的文化體系；而且，中國的佛教已經超乎了印度原有的；西方的基督宗教，也超乎了希伯來原有的。這種取長補短的進行，還滲入了人生哲學從一個層次跳到另一個層次的躍進。佛學在中國，顯然的從道德規範進入到宗教情操，是從「行」到「信」的進程；西洋基督宗教也把西方原有的以「知」爲中心的人生，轉進到「信」的層次。

文化危機時，需要外來的智慧啓發，正如人生病時，也要靠藥物治療一般。這種歷史的教訓，對我們目前的處境，尤其對國家民族在未來世界所扮演的角色，都非常重要。

第三部份　當代意義

在談到人生觀選擇的當代意義，我們分兩方面來討論，先是現況的檢討，先看清目前我們的人生態度，究竟有那些思想主流，或是那些思想逆流，在影響着，甚至把持着；然後我們以對未來的「展望」，來探討各種可能的出路。

一、現況

中國傳統的，屬於忠孝仁愛的人生觀，由於共產黨叛亂，而打倒孔家店，接受了西洋思想末流的馬恩列史鬪爭態度，而且曲解進化的原意，宣示人性的獸性。兄弟在梅縣讀初二時，土共佔據了學校，其指導員來上的第一堂政治課，就是「新民主主義」，第一課課文很簡單，就是「人是猿猴變的，這是鐵一般的事實」。當然，這種只顧抓住人性的不光榮過去，而抹殺了其未來的可能性，總會使人比較容易對付，不受其蠱惑。

但是，在反共基地的學術界，也在間接為這種思想舖路；先是崇洋心理的大衆傳播工具，像「美國口味乖乖」，像「歐洲風味」，像「舒潔衞生紙」的廣告，像某些知名的士大夫拋棄中華民國國籍，而用別國護照等等的「崇洋」「媚外」的事實。如果說共產主義是毀滅人性的主義，則這些崇洋媚外的風氣，都在做着亡中國、滅民族的勾當。

還有一批知識份子，不知是有意或無意地在挖中華文化的根，以本身在學術界的聲望，來揑造事實，來修改歷史，提倡中國文化傳統在於算命看風水、卜卦煉丹；把糟粕當成寶貝。當然，如果中國傳統眞如他們說的，是算命看風水，屬於迷信的文化，自然就要被拋棄，而迎接外來文化，學別人的人生觀。但是，這批假道學也應該想一想，如何能在論語的篇章中，或在道德經的章節中，找到算命的例子？找到看風水的實例？

除了上述的挖中華文化的根的學術之外，還有幫忙唯物論以及進化學說的行為科學，用盡方法去證明「人等於獸」，而完全違反了　國父在修正達爾文進化論的說法：進化的方向應是從獸到人，從人到神；從獸到人適用弱肉強食的鬪爭原則，但是既成人形，就應用互助和仁愛，以達到神性的地步。顯然的，強調「人等於獸」的學說，終必要接受「鬪爭」的人生觀，而揚棄人與人之間的互助和服務。

二、展　望

對於崇洋心態的傾向，我們所能做的，也應該做的，就是一方面要認識自身傳統人生觀之合於人性，傳統道德原理的順乎天應乎人；另一方面也可以把西洋當代的眞象揭發出來：在德國，自從胡塞爾的現象學出來之後，根本沒有任何一個學者，還敢自稱是馬克斯的信徒，是唯物論者。在法國，自從柏格森的生命哲學問世之後，在大學中也找不到一位教授還肯相信孔德的實證主義。在英國，還有那一位思想家在相信「人等於獸」？

其實，西洋十九世紀後半期的思想末流：唯物、共產、實證、實用、功利、進化等學說，在二十世紀之初已經遭受到揚棄，而倫理、道德、宗教等人文的提倡，早已受到了關心；其大學中的文、法，學術界的人文科學與社會科學，都是和自然科學一齊並進，絕不會像我們今天的情形：人文和社會二科學幾乎祇是寄生在自然科學的卵翼下的畸型現象。

中國傳統人文的覺醒，能夠在　國父孫中山先生的三民主義學說中，找到以忠孝和仁愛貫穿人類歷史，而又能以世界大同、天下爲公的理想目的，作爲人生的終極意義，這樣來理解現代社會中，民族、民權、民生的精義，而終於在人類社會進化原則中，找出仁愛、互助、服務的人生觀；不但在法治社會中倡導人權，而且也講究義務，去瞭解近日 蔣院長所提示的「享受犧牲」「犧牲享受」的眞諦。

一粒麥子，如果不願犧牲自己，它終究是一粒；如果它肯犧牲，掉在地裏，死了，壞了，才會發芽吐葉，開花結果，結出三十粒、六十粒、一百粒的新麥粒來。

故總統 蔣公曾說過：「生命的意義在創造宇宙繼起的生命。」

謹以此與諸位共勉。

完了！謝謝各位！

民國六六年五月二、三日講於臺中、彰化、南投

三民主義的哲學基礎

前言

三民主義的哲學基礎主要的是一種思想體系。我們現在所擁有的「三民主義」講稿，就如一幢蓋好的樓房；我們現在要問的問題是：這座房子的基礎是什麼？

通常說來，蓋房子最根本的工作是打地基，但是，實用上則是蓋好的樓房。樓房的穩固與否，全靠地基的穩固與否。一幢房子經得起颱風地震，我們就說它蓋得牢，有好地基。同樣，今天我們的主義在姑息逆流中，仍然成爲世界干城，反共主力，就不能不想到它的思想基礎。

今天探討三民主義的哲學基礎，兄弟分成三大部份來研究：首先看世界上當代哲學的趨勢，然後提出三民主義哲學在當代哲學思潮中扮演的角色，最後才進入三民主義哲學體系中，探討它的精義以及其哲學基礎。

壹、當代哲學的趨勢

要明瞭當代哲學的趨勢，我們用三個步驟去探討：先是以極簡單的思路看中、西哲學「史」的發展的啓示，繼則深入這種歷史演變的內涵，最後提出哲學在當代的意義及其展望。

一、中、西哲學「史」的發展

一個人生存在天和地之間，生存在人與人之間，總是設法使自己過得好、過得更好、邁向過得最好的路上前進；這種發展和進步的傾向，就產生了哲學的初期思考。但是，這思考的形式和內容，由於地理環境，由於個人心態的不同，而產生了相差很大的人生觀，並因此發展了相當不同的哲學體系。我們在這裏就以中、西兩種哲學思想來作爲探討的對象：

㈠中國哲學的發展：我國先民發源於廣大平原之中，隨着游牧民族的生活很快就進入了農耕社會，這種以農立國的民族性，擁有偉大的心胸和智能；除了發展農業以維持生活的必需之外，還在思考上建立了深度的哲學體系：先是與自然「和諧」的道家，後有與人「仁愛」的儒者；先秦諸子百家的發展，都莫不在這「和諧」和「仁愛」的概念中，締造樂天知命的人生觀，以及辛勤的德性，修、齊、治、平的人生理想。從個人修養爲基礎開始，到世界大同、天下爲公的人類遠景，在在都說明了中華民族對人性的尊重，以及天人合一的崇高理想。

不幸的，先秦的光榮才三百年，隨着就有秦始皇、漢武帝等人的煉丹，破壞了傳統的「一份耕耘，一份收穫」的人生哲學，而代之以各種道術、風水、算命等等迷信，忘記了立德、立功、立言的三不朽，而嚮往肉體的不死不滅。兩漢之後的哲學，迷上了今生今世短暫的生命。

幸好印度佛學的東來，以前生前世以及來生來世的宗教觀，改正了「命運」的束縛，支持了先秦「一切以修身爲本」的哲學思想。「輪廻」的學說，至少給先秦的倫理提供了行善避惡的動機。隋唐的「涅槃」提供了人性自救之道，與先秦的「仁」互相發明。

宋明的學者，希望躍過外來佛學，而直接以知識論和宇宙論，支持並發展先秦儒家正統；一切回歸內心的修身之道，闡明了獨善其身的君子，以及兼善天下的聖人的眞諦。

清朝入主中原之後，政治目的使得學者不再在禮樂射御書數的整體學問中紮根，而造成了文武分裂，而儒者弱不禁風，終於導引出東亞病夫的惡果。及至中、西交往，禮讓文化終於敵不過船堅礮利的競爭文化時，昔日的自傲跌落自卑崇洋的深淵；而崇洋的厄運，奠基在自卑的「打倒孔家店」，在以馬恩列史爲成果的共產革命中完全暴露出來。

中興的覺醒，則在消除自卑的自信，以及消除崇洋的自立；而　國父孫中山先生的哲學思想，能在各種逆流中，保持對傳統文化的信念，以及吸取西洋精華，是目前對抗外來的共產邪惡，唯一有效的精神武器。

㈡西洋哲學的發展：西洋文化發源自海島的航海和經商，與天爭與人爭終於發展了「奧林匹克」的思想。希臘以及羅馬的征戰，形成了奴隸制度以及殖民政策；哲學大師蘇格拉底、柏拉圖、亞里士多德雖然提出了人性的呼聲，但是，畢竟無法挽救爭權奪利的人生觀。羅馬時期的鍊金，更助長了競爭的心態。

針對奴隸與殖民，希伯來民族以「人人平等」的信念，透過宗教性的「靈魂乃上帝肖像」的動機，減削了西洋人東征西討的野心；人與人之間的「博愛」思想，奠基在宗教情操的信仰層次上。工作六天休息一天的制度，從保護奴隸的權益，進而發展了人權的信念。

西洋歷史的心態，總是站在競爭的原理上，讚嘆着亞歷山大大帝、凱撒大帝、拿破崙大帝，同樣，也極力歌頌近代的文藝復興與啓蒙運動；後者希望跳躍過希伯來的仁愛思想，而回復到西洋原有的競爭心態；於是殖民與奴隸又死灰復燃，一直發展到十九世紀時，不但在文化上、政治上，在美洲販賣黑奴，同時亦向黃種人的地區進軍，而且亦在哲學上發明了唯物、共產、實證、實用、功利、進化，侮蔑人性，違反天命。

㈢中西哲學相遇：中國不幸，世界不幸，先秦諸子沒有機會與希臘諸哲，共同商討人生大事，佛家弟子亦無緣與基督弟子暢論人性，甚至宋明理學亦無法與文藝復興諸子商討思想問題；而是在中國成爲東亞病夫，而西洋迷於奴隸殖民時，雙方相遇，互助交換着病態思想。

但是，西洋卻由於一八五九年出生的三位先知，領導了西洋二十世紀的哲學思想：德國的胡塞爾，法國的柏格森，美國的杜威，都能夠發揚人性的仁愛，而消除人際間的仇恨和猜忌。而中國的「五四運動」，不但沒有把西洋的「德先生」和「賽先生」請到，反而由於「打倒孔家店」，而換來了馬恩列史四偶像。

㈣哲學的展望：中興的覺醒，不但早應拋棄西洋自己都已拋棄的唯物、實證、實用、功利、共產、進化，而是應當拾回昔日優良傳統：以人性、人道、人道主義的立場，揚棄競爭、鬥爭的思想，而發揚仁愛互助爲職志。

二十世紀的哲學逐漸在「整體的人」問題上探究，不但反攻基地，就連西洋有遠見的學者，亦都漸漸覺得中國傳統的精髓與西洋基督宗教精神，是未來世界哲學的出路，而這種精髓和精神，就是三民主義的內容。

二、哲學的內在涵義

哲學無論中西，亦無論古今，都是由於人在觀察宇宙在體驗人生得出來的智慧；人類憑藉自身的天賦，能夠仰觀天象、俯察地理，而獲得人生和宇宙的原理原則，而然後躬身力行，來超度自己。

這就是哲學從知識論走向形上學，再從形上學走向倫理學的道途。

㈠知識論的課題：知識起源問題有理性主義、經驗主義之爭，有共相問題之辯；達爾文、赫胥黎專門觀察弱肉強食的禽獸世界，克羅包特金則研究昆蟲的互助合作，馬克斯、恩格斯專門考察資本主義的病理，而中國傳統哲學方法，則在圓融的前提下，兼顧到善惡二方，陰陽兼論，能夠用「以道觀之」的立場，去看天人合一，去體驗物我相忘的境界。

㈡形上學的課題：從知識論的考察，一旦走入了原理原則的建立，就有唯心唯物之爭，有神無神之爭，機械目的之爭，到後來是仁愛與鬥爭之爭。唯物論者和進化論者，觀察了獸羣的生活，直覺到物競天擇、優勝劣敗的原則，而提出了適者生存、不適者滅亡的警語，配合着西洋辯證法的思想形式，而結論出矛盾的、對立的、相互鬥爭的人際關係；「恨」成了一切進化的動力，而社會的發展也唯有靠物質的、經濟的條件。唯心論者則以爲一切都冥冥中有神明的目的指引，神是愛，所以人際關係亦應以仁愛爲中心。中國傳統的心法，既不贊成唯物，也不贊成唯心，它能夠觀察出「虎毒不吃子」、「羊有跪乳之恩」等事實，而使人性去惡遷善。國父孫中山先生就能秉此方向，說明人的前身是獸，靠鬥爭而變成人，但既成人形，就當靠仁愛互助，進化而爲神。人生觀的確立，仁愛的選擇，鬥爭的揚棄，是當今形上學的最根本課題。

㈢倫理學的課題：從知識論獲得的原理原則，構成形上學的理論體系，然後就落實到生活的具體層次來。宇宙萬象的觀察已可由心和物合併，又可用鬥爭與仁愛二分，而「人」站在天和地之間，生存在同類之間，要如何做人處世？這就要靠豐饒的心靈，指導意志去抉擇，從罪惡中選擇善良，在黑暗中點亮蠟燭，在仇恨中送上仁愛。在倫理學的課題中，不問是否有靈活的頭腦，也不問是否有高超的科技，而是要問，是否有富饒的心靈，以及是否有高尚的道德。就如蔣院長最近向世界宣佈的，「我們有做核子武器的能力，但是我們不做！」能造核子武器是科技問題，做與不做是道德問題。

三、哲學的當代意義

中國哲學所發出來的「仁愛」「禮讓」等寶藏，雖曾在哲學發展史中，數度遭遇危機，但是從堯、舜、禹、湯、文、武、周公、孔子一脈相傳的道統，畢竟由 國父孫中山先生承傳下來：在其所著三民主義中，聚集了傳統精華，加上西洋文化精髓，而在現代社會中，找到通往天下爲公、世界大同的大道。

目前，最能表現這種仁愛、禮讓、互助的，莫過於復興基地往南美、往非洲派遣的農耕隊、農技團。

西洋從奧林匹克就開始的競爭文化，造成了洋人的生活模式，一直發展到十九世紀之後，就產生了以鬥爭爲中心的共產唯物思想。

㈠「用一切去衡量一切」的意義：哲學從知識論的入門開始，經形而上的哲學的體，到倫理學的用，都要以整體的眼光來看事實，在事物的常態中找出原理原則，而不是在病態中斷章取義；在研究動物時，要做生理學家，而不要成爲病理學家。宇宙與人生的眞象，當然都充滿着善和惡、喜與憂、好與壞、正與邪，這種事實的眞正答案是：人類要憑天生的良知良能，去擇善避惡，去改邪歸正。老虎雖然夠狠，肚子餓了就撕吃山羊，但是，牠也有可取之處，就如「虎毒不吃子」的天倫。

哲學要以整體的人性去衡量整體的宇宙和人生，因此，科學、道德、藝術、宗教都是需要的，因爲人性要追求眞、善、美、聖，要超脫人間世的一切醜惡，而進入「仁」和「涅槃」的境界。在時間上，它要解釋前生前世、今生今世、來生來世的三度時間問題；在空間上，它要能夠格物、修己、愛人、敬天。

㈡人性、人道、人道主義：哲學的發展總不容許相反人性、違反人道。未來哲學的發展，一定要把人當作人看待。而在傳統以及現代學說當中，中國傳統的禮讓和仁愛，以及由這種方法進入的大同世界，還有希伯來民族的博愛、平等思想，才眞正能夠導誘人類走向天下爲公的理想；而這種思想的內涵，完全就是三民主義的哲學。因此，我們今天根本上就可理解到，三民主義的作者以及最有權威的註釋者及補遺者， 國父與 故總統，都是中國道統的衞護者，同時又是虔誠的基督徒。

貳、三民主義學說在哲學思潮中扮演的角色

新的哲學思想的產生，常是由於時代的需要，以及偉人的來臨；但是，時代需要是常有的事，偉人則是可遇而不可求的。

近代中國的情形，就是處於生死存亡的關頭，極需要新的哲學思潮來領導，更需要聖人出，發明此種思想，領導這種思潮。

一、三民主義產生的背景

從上面歷史發展中，我們已經看出，中國如何被迫打開了閉關自守的大門，被迫走進了世界歷史洪流中。而一切在「變」的憂患意識下，士大夫開始在變中求生存，追求平等的、自由的存在。在被瓜分、被淪爲次殖民地的厄運當中，嚮往着西洋的船堅礮利，一心想着如何「西化」的課題。

㈠自卑：在「西化」的課題中，最先所想到的哲學問題是「爲什麼中國會弱到這個地步？」於是開始以「科技」爲準則的短視者，進而否定中國傳統的文化價值；五四時代的「打倒孔家店」，三十年代的文學作品，都在以「新」的招牌下，做着挖中國文化根本的工作。中西文化論戰、人生觀論戰下來的成果，並沒有把「德先生」和「賽先生」請來中土，反而拋棄了自身原有的禮讓、仁愛文化。

一切都是西洋的好，不但科技的成果，就連人生觀在內。

㈡崇洋：自卑與崇洋原是相輔相成的，既然自己的一切都不如人，那麼就必須迎頭趕上，向人家學習。但是，問題在於，學人家科技必須有一段學習數理的時日，而人生觀則是一蹴即成的。於是，在船堅礮利尚未有學到之前，西洋十九世紀後半期的唯物、共產、實證、實用、功利、進化等思想，倒是取代了仁義道德的倫常；再加以第三國際的蓄意培養，大陸赤禍終於蔓延了整個華夏。

赤禍與全盤西化的思想是成正比的。

崇洋的哲學思想，莫過於以競爭取代了禮讓，以鬥爭取代了仁愛。

㈢內憂外患：就在於憂患意識的士大夫心目中，十九世紀後半期的中國，正面臨着存亡的關頭；一方面有些急進的士大夫，開始懷疑甚至否定中國傳統文化；另一方面又有列強要瓜分中國。滿淸的腐敗和昏庸更造成了內憂外患的增長。但是，最富決定性的課題，則是對中國文化本身的取捨從違的抉擇問題。

二、中西接觸的核心課題

自從中國被迫走進世界歷史潮流之後，憂國憂民之士就開始爲中國的適應世界潮流的設計盡心盡力；無論在中西文化論戰中，或是在人生觀論戰中；船堅礮利的嚮往，佔了非常懸殊的優勢；爲了發展「自強」運動，大有饑不擇食的趨勢；在這種趨勢中，在今天看來，中、西兩方都在末流的思想下掙扎；中國要生存，而西洋要發展。

㈠中國末流思想：在中國求生存的掙扎中，唯一呈現在眼前的，也就是如何能和別人一樣強，能用堅甲利兵來保衞國土，來保衞家園；因此，除了科技西化的芻議外，還帶動了哲學西化的運動：把西洋的末流當作寶貝，引渡到中土，取代了傳統文化。

西化既成了必然的救國之道，問題祇縮短到要「全盤西化」呢？還是部份西化？顯然的，在第三國際有組織的安排下，中國走向了「全盤西化」之途：卽是說，不但科技要西化，就連人生觀也要西化。

㈡西洋末流思想：西化本來沒有什麼不好，在某些事上而且是應該的；但是，西方文化幾千年傳統中，究竟要「西化」什麼？它們希臘的人文精神？羅馬的倫理規範？或是基督宗教的博愛？抑或是奧林匹克的競爭心態？以及由這心態導引出來的奴隸制度和殖民政策？

事實上，中國西化問題中，無論表面上如何以「德」先生，或「賽」先生作爲口號，而骨子裡全是唯物實證的末流思想。在西洋文藝復興之後，民族意識的興起，最先所探討的問題，仍然是種族間平等的問題；在西洋拋棄了「上帝肖像」的信仰之後，覺得白種人唯我獨尊（法國還自認爲上帝長女）；這思想一直發展到十九世紀時，販賣黑奴，瓜分中國，都是西洋當代的思想趨勢，都是直接承傳「競爭」「鬥爭」的奧林匹克精神。而其哲學思想則是唯物實證。

三、偉大人格與仁心仁術

——國父孫中山先生的「救國救民」設計

就在五四運動，學者們要「打倒孔家店」的那一年，——民國八年，三民主義文言本問世。就在各種改革和維新的設計無法實行時，國父領導了國民革命，推翻滿清，建立民國。也就在中國瀕臨滅亡的邊緣，各種自救設計都在慌忙混亂之中時，唯獨國父孫中山先生以冷靜的頭腦提出了有效的學說——三民主義，有效的實行——國民革命，來挽救國家，來拯救民族。

國民革命是依建國方略、建國大綱、三民主義，按步就班去實現，並不單止推翻滿清而已，而是以積極建立民國爲目的及目標。

三民主義的提出，並不在於參加人生觀論戰，或是新文化論戰，也不唱堅甲利兵的口號，而是以思想的基礎，去建立未來的新中國。

國父在香港行醫，本可過舒適生活，圖個人發展；中國在當時弱，他儘可入英籍；但是，其民族精神以及民族大義，則導引他負起了革命的重負；診斷了中國的病根，而對症下藥。

救國的藥方開出來的，就是「兄弟所主張的三民主義，實在是集合古今中外底學說，順應世界的潮流，在政治中所得的一個結晶品。」（民國十年三月六日，中國國民黨辦事處演講）

㈠中國道統：當第三國際代表馬林在桂林詢問　國父，有關三民主義的思想基礎時，國父答以：堯、舜、禹、湯、文、武、周公、孔子所傳下來的道統。這道統顯然的就是仁義道德，道統以「仁愛」爲基礎，而四維和八德，都包括在仁愛範疇之內（　蔣總統：三民主義之本質）

㈡西洋精華：在西洋哲學史的發展中，最能發揮人性仁愛精神的，莫如基督宗教情操的博愛；也就因此，當中國士大夫大多參加「非基督同盟」時（民國十一年），而仍然堅持自己的信仰，而且，指出自己革命，實與教會休戚相關：「兄弟數年前，提倡革命，奔走呼號，始終如一，而知革命之眞理者，大半由教會得來。今日中華民國之成立，非兄弟之力，乃教會之功。」（國父對北京基督徒聯歡會演講詞，民國元年九月五日）

「我是一個耶穌敎徒，受上帝使命，來與罪惡之魔宣戰，我死了，也要人知道我是一個基督徒。」(民十四年三月十一日　國父病中語)

從西洋的宗敎信仰之外，尚有在信仰奠基的民主制度，以及科學方法。

㈢自己創見：　國父思想，尤其在政治理論上，許多根本的地方就勝過西洋，原就因爲其站在仁愛的立場，以人性、人道爲出發點，而且指向大同世界的遠景；尤其淸楚的，　國父能夠從英美經驗主義學說中，加入形而上的價値體系。

叄、三民主義的哲學體系

「哲學」是從整體去看現象，然後抽離出本體。　國父的三民主義哲學體系，是以仁心仁術，窺探出中國的危機，而提出的化解之道，且能躬身力行。

因此，在這種哲學體系中，我們可以看出三基本元素：哲學家，哲學，理想。哲學家需具備仁心仁術，大智大賢；而哲學能治本，切救時蔽，而又富有永恒價値；理想則是從現實中創造出來的，以現實爲基礎，以理想爲依歸。

自從戴季陶先生在民國十四年提出「孫文主義之哲學的基礎」一文之後，就展開了對三民主義哲學研究的序幕；半個世紀以來，許多學者發表了許多寶貴的意見。戴先生提出：三民主義的思想基礎是民生哲學，後來，故總統　蔣公在民國二十八年講稿「三民主義之體系及其實行程序」中亦指出「三民主義的原理或哲學基礎，就是民生哲學」。

我們現在就按着學術研究方式，一步步進而探討這個問題：

一、三民主義是什麼

三民主義的思想，是 國父孫中山先生救國救民的學說；當然，這學說思想並不是一天形成的，而是經過長期思考、修正、發展，而終在民國十三年發表的一系列演講中定稿發表；而且，在出版的序文中再度強調「付梓之先，復加刪補」，並「尙望同志讀者，本此基礎，觸類引伸，匡補闕遺，更正條理」。

因此，在主義的起源、完成、發展的歷程上來看，我們就必能看出主義的本質，是在不斷的發展、創新；也就因此，我們分二節來研討主義。

㈠ 分層的描述：

⑴ 早在民國紀元前七年（一九〇五），在日本成立同盟會並創辦民報的發刊詞中，就已提及：「余維歐美之進化，凡以三大主義，曰民族，曰民權，曰民生。羅馬之亡，民族主義興，而歐洲各國以獨立。洎自帝其國，威行專制。在下者不堪其苦，則民權主義起……世界開化，人智益蒸，物質發舒，百年銳於千載。經濟問題繼政治問題之後，則民生主義躍躍焉動，廿世紀不得不爲民生主義之擅場時代也。是三大主義皆基於民。……」

⑵ 民國紀元前六年（一九〇六），東京舉行「民報」週年紀念會中演講「三民主義與中

國民族之前途」：「總之，我們革命的目的，是為衆人謀幸福。因不願為少數滿人專制，故要民族革命。不要君主一人專制，故要政治革命。不要少數富人專利，故要社會革命。……這三樣做到以後，我們中國當成為至完美的國家。」

⑶自民國元年四月一日辭臨時大總統餞別會演講，經四月三日上海同盟會演講，六月九日廣州對記者講話，乃至九月四日，十二月九日，民國二年三月一日，先後六次的公開演講，都在敍述闡明民生主義的精義。民國五年七月十五日上海粵籍議員歡迎會上講「中華民國之意義」中指出：「謀國必有四大主旨：一為國民謀吃飯，二為國民謀穿衣，三為國民謀居室，四為國民謀走路。」

⑷民國八年著文言本三民主義：第一是民族主義，要有民族之正義精神：在消極上，漢族光復，滿清傾覆。在積極上，漢族犧牲其血統、歷史、自尊，與滿、蒙、回、藏相見以誠，合為一爐而治之，以成一中華民族之新主義。

第二是民權主義，引述英國代議政治，瑞士四大民權：選舉、罷免、創制、複決；四權指示出：人民乃國家主人翁。

第三是民生主義，指出其卽社會主義，並指證出歐美之工業革命，催生了社會中的貧富懸殊現象，乃致於引起革命。而中國不應跟隨歐美走資本主義路線，而應防患於未然；提倡均富，用平均地權、節制資本二途。

⑸民國九年十一月四日在上海黨本部講「修改章程之說明」時提出：「民族主義即是掃除種族之不平，民權主義即是掃除政治之不平，民生主義即是掃除社會之不平。」

⑹民國十年六月，在廣州黨辦事處講「三民主義具體辦法」中指出：民族主義即漢族的民族主義；民權主義指四種直接民權：選舉、罷免、創制、複決；民生主義即平均地權。

⑺民國十年十二月，在桂林軍政學七十七團體歡迎會講「三民主義爲造成新世界之工具」，其中指出：民族、民權、民生即林肯的民有、民治、民享。民有即是中國領土完全爲漢族所有。民治卽政治主權拿到人民手裏來治國。民享卽人民生活上幸福圓滿的享受。

⑻民國十一年一月在桂林對滇粵軍講「軍人精神教育」，提出：革命主義是三民主義：民族要種族革命，民權要政治革命，民生要社會革命。

⑼民國十一年一月，在廣東同鄉會講「欲改造新國家當實行三民主義」中指出：民族主義卽世界人類各族平等，民權主義卽人人平等，同爲一族，民生主義卽貧富均等。

⑽民國十二年一月廿九日著「中國革命史」，其中指出：民族主義，是國內各民族一律平等相處，對世界各民族，務保持吾民族之獨立地位，發揚固有之文化，且吸收世界之文化而光大之，以期與諸民族並驅於世界，以馴致於大同。民權主義，第一決定爲民主，而第二決定則爲民主專制必不可行，必立憲後而可以圖治……五權憲法……直接民權。民生主義……爲未雨綢繆，……塞經濟革命之源。

⑾民國十二年十二月二日廣州歡宴湘豫滇桂粵各軍將領，講「打破舊思想要用三民主義」指出：把滿清政府推翻，趕走異族，便是民族主義的事；公天下的道理，便是民權主義。預防社會革命以達到生活上幸福平等的道理，便是民生主義。

在分層的描述中，我們可以看出　國父在思想進程中如何把主義的內涵與外延，朝向進步與深度中前進。

㈡整體的討論：民國十三年一月廿七日開始在廣東高等師範學校作三民主義的系統講述，直接提出：三民主義就是救國主義。

在全篇演講中，一共有十六講：民族主義六講，民權主義六講，民生主義四講。以爲民族主義即是國族主義；民權主義指出人民的政治力量（管理衆人之事便是政治）；民生就是人民的生活，社會的生存，國民的生計，羣衆的生命；因而進一步指出，民生主義就是社會主義，又名共產主義，即是大同主義。

二、三民主義哲學是什麼？

以「三民主義即是救國主義」做基礎，來看三民主義哲學的話，又以哲學三步驟：看清情況，提出化解之道，嚮往美好遠景，則看出「救國」的理由和需要，則是由於國家有危機，等待救援。

國家有什麼危機呢？在民族主義講演中，　國父指出「外患」與「內憂」的事實：洋人對中國經濟的、政治的、軍事的侵略事實，都是中國的外患，都將造成中國滅亡的危機；而加上滿清的昏庸，造成內憂。

國父要平內憂，禦外患，想出解救之方就是自強之道；要實現自強，需改革，改革不成便提倡革命；因而，三民主義，卽從理論的「救國主義」，落實到行動的「革命主義」之中。

因爲「革命哲學」要導引行動，要國民起來革命，因而要國民瞭解自己現在的處境，否則百姓不會起來革命。但是，要個人置死生於度外，談何容易；國父有鑑於此，乃創建了「知難行易」的學說。這學說的目的在於求知；國父奔走革命，就是要使大衆「瞭解」國家存亡的危機，要起來救國，要起來革命。

這「救國主義」，這「革命主義」是經過長期思考，深入研究，週遊各地，發現當時四億人口所需的結晶，就是「三民主義」：民族主義爭取國內外之平等，民權主義主張人民自己管自己的事，民生主義使國民個個過得更幸福更快樂。

因而，國父指出：「主義是一種思想，一種信仰，一種力量」；思想就是看清危機之後，提出有效的解救方法；信仰就是自信可以解救這危機；而力量則是直接催生行動。思想、信仰、力量，都在指向「革命」；而「革命」在於平內憂、禦外患；推翻滿清，建立民國，實行三民主義。

上面說的要改革要革命，要救中國，在哲學整體架構中，祇是近程目標。國父革命體系的遠程目標是什麼呢？它從什麼地方開始？到那裏結束？其間過程如何？

在故總統　蔣公「育樂兩篇補述」中，提出了「禮運篇中的三世」，可知　國父革命的最高理想，也是革命的終極目標，是「世界大同」，是「太平世」，是「天下爲公」，是一種完全理想的完美社會，是「貨不必藏於己，力不必爲己」，是「不獨親其親，不獨子其子，選賢與能，講信修睦」，是「老有所終，壯有所用，幼有所長，矜寡孤獨廢疾者，皆有所養」的社會。

「太平世」的理想是中國傳統的政治理想，也是　國父革命的終極理想。

革命的出發點則是「據亂世」，要平內憂、禦外患的革命。用「三民主義」的革命理論與實踐，剷平變亂；在消極上，以民族主義破一族當權，破強者欺侮弱者的現象；以民權主義破皇帝一人專制，破一族當權；以民生主義破貧富懸殊，破富人欺侮窮人的現狀。在積極方面，以民族主義的精神提倡國族主義，立全世界民族平等之基礎；以五權憲法來立民權主義；以平均地權、節制資本來立民生主義，自小康進入大同。

從革命的剷平變亂，走向三民主義的建設階段，也就是從據亂世到昇平世的過程。昇平世是據亂世到太平世的中站，同時是由貧窮走向小康的社會，那時「貨力爲己，各親其親，各子其子」。

整體的革命哲學，因而都在靠三民主義的實行；沒有三民主義，不但無法達到小康社會，而且根本會由於內憂外患，而導致國家民族的滅亡。

而在實行三民主義的過程中，三種主義有其理論上與實行上之連環性，相互爲用，相互依存的。無民族時，何來民權？何來民生？無民權時，怎末談民族自決？怎末談民生？若無民生，怎末能談民族意識？怎末去談利用民權？當然，去實行時是有優先順序的，還是「民族意識」爲根本和基礎，而去建設「民生經濟」，去運用各種「民權」。

因此，在探討三民主義的哲學體系時，依照哲學體系的規則：從知識論的入門，走向形而上學的基礎奠立，與落實到價值哲學的實行，則可認定，整體三民主義哲學的架構是在探討並解決民生問題，亦卽是要解決人民的生活，社會的生存，國民的生計，羣衆的生命，因而稱之爲「民生哲學」；而這民生哲學在內涵上分成三個面向，卽民族、民權、民生；而且，這民族、民權、民生，恰好又傳承了中國固有道統，以及西洋文化精華：卽是說，三民主義的本質，則是倫理、民主、科學。

以倫理、民主、科學的現代化，來解決民生問題，也就顧及到了整體的人性，它的物質需要，它的精神娛樂。

如何能以倫理、民主、科學完成民生所需呢？這就要在哲學體系中，先用「知識論」的方式，理解到這種「救國主義」，理解到這種「革命哲學」的時代性與必要性。爲了「知」的問題，國父曾創「知難行易說」，而故總統　蔣公曾創「力行哲學」，二者都在說明「知行合一」的原理，把中國哲學重「行」的精神，以及西洋哲學重「知」的長處，都綜合起來運用。

在形而上學的思想原則上，國父提出了「進化」的宇宙觀，以爲人性可以由獸性所進化，但是，人性並不是進化的目的和終點，因爲它還要經由互助和仁愛，向着神性進化。其宗教情操亦在此可見。在不偏向唯心，亦不偏向唯物的學說影響下，國父發明了「心物合一論」的哲學，以整體人性作基礎，去瞭解宇宙的眞象。

在落實到價値哲學時，國父的人生哲學，首先是「革命的人生觀」，要有捨己救人的精神，如故總統　蔣公所言，要爲國盡大忠，盡大孝；然後是人與人之間，國與國之間的互助仁愛，以進於世界大同。

三、三民主義的哲學基礎是什麼？

上面提到的，是哲學的上層建築，是整個「民生哲學」的藍圖架構，現在要問的是：民生哲學的地基是什麼？問題可以分成二方面去看，一是：地基是什麼？這是一般知識論的問題，祇要求敍述式的答案。另一方面則要問：打地基的人爲什麼要如此安排？這是狹義的哲學問題，其所要求的，是要提出所以然的理由，不但要提出答案，而且要提出解答。

故總統　蔣公曾在「三民主義的體系及其實行程序」中說過「無論什麼主義，都有一種哲學做基礎，三民主義的哲學基礎爲民生哲學」。顯然的，這裏所指是主義的目的，是爲了解決人民的生活、社會的生存、國民的生計、羣衆的生命；在這種設計之中，很容易看出，整個主義存在和發展的最終理想，都是在發揚「人性」，把人當作人看待，給予人性以應得的尊嚴和價値，可以說是站在「人道主義」的立場，去解決人類的根本問題。

人類的根本問題，可以從具體的和抽象的兩個層次去探索。具體問題中，就是今生今世的生活、生存、生計、生命的課題，應由民生哲學去解決，用倫理、民主、科學的深度去實行。在抽象的問題中，則問及人性的來源與歸宿課題，除了今生今世之外，尚有來生來世，以及前生前世的問題。

國父提出了自己創見的進化學說，以爲人性的前身可能是禽獸，而獸性由於競爭和鬪爭，戰勝環境，而變成人性；人性就是我們現有的情況，是今生今世應如何把握，如何運用，如何能生存在天和地之間，生存在人與人之間，而且過得更幸福。可是，人性亦不是進化的終站，它仍然需要靠互助，靠民生哲學的實踐，向着神性發展，而這種神性的未來世界，即是天下爲公的大同世界，是理想中的來生來世。

如此，我們在理解三民主義哲學基礎時，一方面兼顧 國父在提示的中國道統「堯、舜、禹、湯、文、武、周公、孔子」的「天下爲公」的精神，另外一方面也不忘記其吸取了西洋基督宗教精神的「博愛」，以及他自己發明的諸種學理，而綜合成爲：

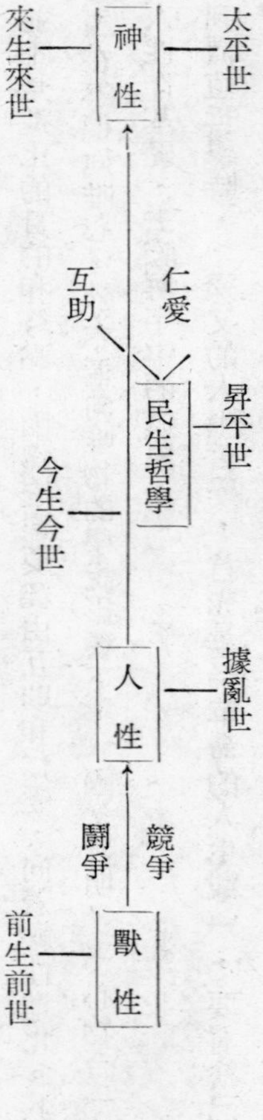

「人性」實爲三民主義的基礎出發點，而需要透過民生哲學的實行：仁愛和互助，而進入太平世的神性階段。

結語

就在於探討三民主義的哲學基礎課題上，我們有信心把握住「人性」的本質，而直覺到主張和實行的「仁愛」的人生觀才是康健的、進化的、人性的，而共產主義所主張和實踐的「鬪爭」的人生觀是病態的、退化的、獸性的。

合乎人性的主義才是順乎天、應乎人的，而違反人性的學說終有一天會被覺醒的人性唾棄。中、西哲學的發展，已經不斷地覺醒，扣緊「人性」的關鍵，不但在理論上，而且在實踐上，都在人性的物質需要之上，加上精神的食糧，哲學的層次，都漸漸走向倫理、藝術、宗教的層面，而引領人類躍過眞理的、科學的高峯，邁向善、美、聖的境界。

尤其在反攻基地的臺、澎、金、馬，同時是三民主義的模範省，在各項建設上，都朝向倫理、民主、科學邁進，但是，終究不忘終極目標的天下爲公、世界大同的精神。故總統　蔣公對日本的寬宏厚道，目前派往國外的農耕隊和農技團，在在都顯示三民主義不但絕不同於共產主義，而且也不重蹈資本主義的覆轍，而自己開創出一條民族、民權、民生的道路；不但以之救中國，也要推廣之，救全世界。

總理「知難行易」學說與總裁「力行哲學」之貫通

「人」生存在天和地之間，生活在人與人之間，最原始、最根本的問題，還是「如何活下去」，「如何活得更好，更幸福」。就因爲要回答這些實際的問題，身爲「萬物之靈」的人類，在整個歷史的演變中，就不但提出了「理論」的解決方案，而且亦要「實踐」這些方案。「理論」是「知」的課題，而「實踐」則是「行」的層次。

「知」和「行」的探討，於是成了人生在世根本的問題，而且，這根本問題的指向，因爲是「如何活下去」的生活必需，以及「活得更好」「活得更幸福」的生活娛樂，以及生活享受；因而，根本上還是民生問題，在具體上的衣、食、住、行、育、樂的問題。

這種民生問題的哲學探討，古代聖者早就以其智慧，用「仰觀天象、俯察地理」的方法，指陳出「格物、致知」，透過「誠意、正心」，而抵達「修身、齊家、治國、平天下」的理想社會。

「格物、致知」是知的層次，而「修、齊、治、平」則是行的方案。

這種「知」和「行」的提案，中西文化的發展各有不同，其重心與目的亦互相有別；爲了更徹底、更有系統地研究「知」和「行」的課題，就請分三大部份，亦卽三大步驟來加以探討。

先就站在問題之外，看「知」「行」問題的「歷史發展」；從中、西傳統文化中，探究出人性在解決民生問題時的各種想法和做法，然後銜接着傳統，攝取着中、西文化的精華，論述總理和總裁在這方面的理解。

就在「史的發展」的客觀探討之後，緊接着就進入「內在涵義」的主觀感受。我們站在人性的立場，探究「知」和「行」在人類生活中的根本意義，以及其本質與屬性、體和用之間的關係；從中抽離出一些形而上的原理原則。

最後一部份的努力，是要把從「歷史演變」以及「內在涵義」中得出來的啓示以及形而上的原理原則，使其落實到「當代意義」中，使所有的理論都能夠有實踐的出路，使「知」和「行」的眞諦能助我們建國、復國，而且引導中國、引導世界進入天下爲公、世界大同的理想社會中。而人生亦就在這種社會中，過得最快樂、過得最幸福。

第一部份　史的發展

人類在「格物、致知」的「知識」追求中，設法貫通了知物、知人、知天的三知；而在「修、齊、治、平」的「行爲」上，發展了用物、愛人、敬天的層次；從而創造了知識、道德、藝術、宗教，去爲人生規劃出眞、善、美、聖的境界，在這境界中，人性超度了自己，達到了最後的「至善」。

在這種出發點相同，最終目標一樣的「知」和「行」的發展中，中西方在文化型態上的不同，也就產生了實踐方法以及孰先孰後的差異看法：

一、中國哲學

中國哲學發展中：由於其地域環境，而使先民從遊牧生活很快就轉爲農耕社會；以農立國的中華民族，在仰觀天象、俯察地理的知識追求中，發展了與宇宙和諧（道家），與衆人仁愛（儒家）的理想；由這理想導引出來的「禮讓」文化就一直培養着「皆以修身爲本」的精神。

先秦的諸子百家，因而加深着「行」的價値與意義，以「立德、立功、立言」爲三不朽。以「行」爲中心的思想體系，重要的在於「行仁」，在於「做人」；其理想中的人生，就是能獨善其身的「君子」，與兼善天下的「聖人」；君子與聖人就是「仁者」的具體表現。

秦始皇焚書坑儒，接着的項羽火燒阿房宮，使漢朝以下的爲政者，有責任找回失去的文化遺產，考據、辨別眞僞於是成了知識界的盛事；加上秦始皇、漢武帝的煉丹，「知」的氣息終於取代了「行」的習尙；無論以「知物」爲首的煉丹以養生，或者以「知眞僞」的分辨能力來延續文化命脈，都走向了「知」的層次；而在「行」的範疇中，頂多夾雜着神秘思想的齋戒沐浴。

在煉丹畫符、算命看風水的積習中，修身的原理原則已漸漸被拋諸腦後；後漢之後的文化衰微，幸好由印度的佛學傳入；後者的三度時間性：前生前世、今生今世、來生來世，以及用「輪迴」報應思想，貫穿了這時間的延續因緣；作孽與受罪，積德與享福的小乘思想，畢竟提升了煉丹畫符、算命看風水的運氣觀念，而復歸於「修身」的原始人生觀。來世生命的信仰，支持了以「行」爲中心的「修身」根本。及至後來發展的大乘入世思想，才漸漸超度着小乘出世的想法，而終至支持着「修、齊、治、平」的體系。隋唐「信」的提倡，最後仍然完成了中國先秦以來的「行」的初衷。

宋明時代的學者，設法實踐「大學」之道中，「格物致知」的原意，而以宇宙論的大體系，理解了周易的動態的宇宙觀和人生觀。「動」態的宇宙和人生，不但在原理上指出了「生生之道」，而且在實行上襯托出「行」的重要性；及至宇宙和人生的渾圓一體的理解，獲得了全盤的體認之後，「知行合一」的學說，終於找到了註脚。

宋明諸子在「知」道宇宙和人生的奧秘上的努力，終於促成將自身消融在宇宙中的「行」動。這行動在「致」良知，在把「知行合一」之說奠立在哲學永恒價値之中。

清代外族統治，腐敗了「知」的層次，使其限於考據；限制了其「行」的範圍，使士大夫專注功名利祿、光耀門楣的追求，而淡泊了國家民族的意識。

明末清初，西風東漸，帶來了科技之「知」，同時在清末民初的各種自救運動中，在「行」的範疇中，灌輸了建設國家，復興民族的義舉和壯舉。

從上面極簡短的史的發展中，我們很容易覺察到，「行」是中國文化以及哲學的主流，而「知」祇是方法的運用，祇是過程。這種文化和哲學，很顯然的適宜於做人處世，是屬於道德哲學的課題，屬於「知之非艱、行之維艱」的看法。

二、西洋哲學

西洋哲學發展中：由於海島文化所產生的漁業和商業，造成了以奧林匹克爲中心的競爭的人生觀。其早期的神話系統，揭示了人與天爭的情形，其後來的奴隸制度與殖民政策，暴露了人與人爭的事實。

希臘哲學的產生，一開始就展現了「知物」的濃厚興趣，及至雅典學派三巨子：蘇格拉底、柏拉圖、亞里士多德出來，編成了宇宙和人生的偉大體系，而設計了知物、知人、知天的三大層次；尤其是亞里士多德的物理學、倫理學、形上學的設計，更奠定了「知識論」的優位。

羅馬時期的煉金，在文化上發展了「知物」的層面，可是在同一時期發展的司多噶和伊彼古羅斯學派，卻默默地在倫理道德的實「行」上，下着深刻的工夫。

也就在羅馬帝國佔有世界的慾望，發展到煉金的夢幻時，東方希伯來信仰轉入了羅馬，以人性的極限揭示了此世的諸種罪惡，強調了對上帝「信」仰的重要；「因信稱義」與「因行稱義」

的教義，都在啓示着人性在「知天」的層次上，自我超度的可能性。超越的「信」與基督博愛的「行」，使西方中世成爲西洋文化最輝煌的時代。

近代的文藝復興和啓蒙運動，設法解脫外來文化的「信」的因素，而以科技的、平面的「知」，作爲清晰明瞭以及經驗檢證的尺度。其後起的康德以及德國觀念論，才又恢復人性倫理道德的可能性，而架構了立體的「行」的哲學。

當西洋的民族意識又回復到希臘的奧林匹克精神之後，經過三百多年的蘊釀，到了十九世紀中期，奴隸與殖民再度羞辱着人性時，西洋「知物」的基礎，催生了唯物、實證、實用、功利、進化、共產等學說，原來「愛人」與「敬天」的宗教情操，完全跌落在「奴人」「役天」的情景中。

西洋二十世紀的哲學覺醒，無論是胡塞爾的現象學方法，或者是柏格森的生命哲學內容，或是德日進的科學哲學的設計，在在都希望發揚人性和人道，希望集科學的「知」，倫理的「行」，宗教的「信」，而走向「知行信合一」的境界。

綜觀西洋哲學的全面發展，「知」是主流，是諸種學問的目標，「行」是方法，是過程。這種以「知」爲主流的文化，很適用於自然科學，適用於「格物、致知」；因而亦總覺得「知難行易」。

三、知行問題之開展

本來，「知」和「行」的問題，在歷代哲學思考中，都是必然討論的課題之一，但是，問題的發生卻在後來 總理在建國過程中所遭遇到的困難所引起。在「孫文學說」的表出中，才把「知易行難」，「知行合一」，「知難行易」的縱的探討，以及橫的辯論展開，加以學術性的討論。後來， 總理的「知難行易」學說，又由 總裁的「力行哲學」繼續發揚光大，而在中國哲學中，奠立了承先啓後的一派。

在涉及知和行的課題時，當代與傳統的銜接，無論是 總理或是 總裁，都在歷史的發展中着手，先述及「知易行難」學說的由來，然後提出陽明「知行合一」的意義，最後提出「知難行易」理論，作爲知和行關係探討的成果。

現就順序探討知行學說的來龍去脈：

(一) 尚書說命中篇記載

殷高宗（武丁）聽了傅說的話，領會了之後就讚美說：「旨哉！說乃言惟服，乃不良於言，予罔聞於行。」傅說再進言說：「非知之艱，行之維艱；王忱不艱，允協于先王成德，惟說不言，有厥咎。」

這句話的初意，原是說空言不如力行，是鼓勵實行的意思。(註二) 可是後來，卻由於中國哲學發展了「行」的中心思想，因而斷章取義了那句「非知之艱，行之維艱」的片面意義，形成了後來「不知不去行，已知又不敢行」的心態。

（二）王陽明

中國重「行」的思想，奉行着「知易行難」的心態，到了宋明理學時代，已經發展到高峯；明朝的一般士大夫，受了這種流毒之後，在「不知因不欲行，知之又不敢行」的態度下，總是從易着手，不是學漢儒解經，就是學宋儒講性，把學問局限在「知」上，不去力行。陽明爲了拯救時弊，於是創立「知行合一」以及「致良知」的學說；提倡「卽知卽行」。陽明學說的精義，因而在於「致良知」的「致」字：「良知」意卽良心上的知覺，是天生的，是不待外求的；「致」的意義就是「力行」。因而，提到論良知，所着重的就是實行。（註二）陽明自己說的：「知之眞切篤實處卽是行，行之明覺精察處卽是知。」（註三）

（三）國父孫中山先生

在建國方略孫文學說自序中，總理首先提出提倡「知難行易」學說的背景和動機：「革命初成，黨人卽起異議，謂予所主張者理想太高，不適中國之用……思想錯誤「知之非艱，行之維艱」……非不能也，不行也；亦非不行也，不知也。……故先作學說，破此大敵。」

繼而　總理用了八章的篇幅，論證出「行易知難」的理論與實際：從最簡單的日常生活事情開始，一直講到宇宙人生之奧秘，都在指陳「知之維艱，行之非艱」的眞諦。八章中前四章證以十事；第五章討論知行在人性論中之關係；第六章至第八章證以　總理自身革命事業之體驗。綜觀總理論證方式，實屬英國經驗主義哲學體系，先以解釋方法，分析日常生活所接觸到的事物，由淺入深，繼則進入原理原則之形而上探討；最後又回到自身體驗；都在證明「行易知難」。

在「證以十事」的論證中，分析其所持論點如下：

1. 飲食：屬自然之事，生理之事，總理說：「飲食之事，人人行之，而終身不知其道。」
2. 用錢：屬人爲之事，在物質文明方面；總理說：「世人只能用錢，而不能知錢也。」
3. 作文：屬人爲之事，在心性文明方面；總理說：「數千年來，中國人只能作文章，而不能知文章。」
4. 建屋：屬人定勝天的人類行爲；總理說：「夫人類能造屋宇以安居，不知幾何年代，而後始有建築之學。」
5. 造船：征服海洋之擧動：總理說：「鄭和無科學之助，竟於十四月中，造大船六十四艘。」
6. 築城：總理說：「秦代無建築學，而築萬里長城。」
7. 開河：總理說：「中國開運河，無學問，但會開。」
8. 電學：利用世界資源的深度；總理說：「用電不難，所難者，在研究其知識。」
9. 化學：認識物質世界；總理說：「中國人做豆腐，燒煉術，製陶器，行之而不知其道。」
10. 進化：宇宙人生動態的體認；總理說：「進化原則早行，但無所知之。」

在第五章的知行總論中，提出三種論證：

11. 以心性爲證：總理引用孟子盡心章：「行之而不着焉，習矣而不察焉，終身由之而不知其道者，衆也。」

12.以歷史爲證：在人類進化發展中，總理仿照西洋實證論者的學說，指出人類進化分三期：

草昧進文明：是爲不知而行之期；

文明再進文明：是爲行而後知時期；

自科學發明之後：是爲知而後行時期。

總理說：「先行而後知，進化之初級也；先知而後行，進化之盛軌也。」

13.以社會分工爲證：總理把社會分工分爲三系：

先知先覺：屬於創造發明；

後知後覺：屬於倣效進行；

不知不覺：屬於竭力樂成。

第六章之下，總理以自身經驗，說明「知難行易」的道理：

14.能知必能行：總理研究出中國的出路，唯有推翻滿清，建立民國；因而「吾志所向，一往無前，愈挫愈奮，再接再勵，用能鼓動風潮，造成時勢。」

15.不知亦能行：總理認爲，當前需要是先建設國家，仿效西洋；然後才讀書研究；如果先要明白建設的意義和學理，那就永遠無法動手建設了。

16.有志竟成：總理自述其領導革命過程，如何用「力行」去貫徹，又如何衝破各種困難，而終至推翻滿清，建立民國。

綜觀　總理之十六論證，有引述，有自述，有客觀的學理，有自身的主觀體驗：

⑴在引述方面，有古人的覺悟與今人的見解：

古人的覺悟有：

孔子：「民可使由之，不可使知之」。

孟子：「行之而不着焉，習矣而不察焉，終身由之，而不知其道者，衆也。」

商鞅：「民可與樂終，難於圖始。」

今人的見解有：

杜威：在西洋祇知道「行易知難」，從未考慮過「知易行難」的事。

某工學博士引教師之譬喩：修水管匠開價五十元零四角，解釋爲四角是工資，而五十元則是知識之代價。

⑵自述方面：領導革命親身經歷之有志竟成：能知必能行，不知亦能行。

⑶客觀論證：提出十事，皆爲「知難行易」。

㈣故總統蔣公

總裁一方面研究王陽明學說，一方面繼承　總理革命建國大業，在知行方面提出了體系完善的學說，我們從其遺著的先後次序中，就可發現其學說的全燔以及其思想進程：

1. 「自述研究革命哲學經過的階段」（民廿一、五、十六）：提出日本之強盛，在於研究並力行陽明哲學；從中並指出陽明「知行合一」學說與 總理「知難行易」主張之異同。

2. 「國父遺教概要第四講心理建設之要義」（民廿四、九、十七）；首先註釋「知之非艱、行之維艱」之要義，以為是空言不如力行，是鼓勵實行的意思，但不幸流傳為「坐而言不能起而行」的習慣。繼而指出 總理「知難行易」的眞義，在於鼓勵大家求知，去力行。

3. 「行的道理」（行的哲學：民廿八、三、十五）：篤信 總理行易知難的學說，從力行中去求得眞知。更發揮「能知必能行」、「不行不能知」的意義；以為唯有篤行才是力行，唯能力行才無所謂難事。

4. 「哲學與教育對於青年的關係」（民三十、七、九日、十日）：指出中國哲學應以 總理學說為中心；而注重要點是：太極與卽物窮理；並且在日常生活中、隨時啓示，卽事卽物。

5. 「實踐與組織」（民卅九、六、十一）：提出過去失敗之原因，乃為沒有力行，反觀日本之能強盛，則在武士道以及陽明知行合一學說的理解與實行。

6. 「總理『知難行易』與陽明『知行合一』哲學的綜合研究」（民三九、七、三十）：首先重提「實踐與組織」的內容架構；然後就指出 總理的「知難行易」與陽明的「知行合一」相通：分成三方面去看：動機相同，都在切救時弊；體用問題：體不同：知行合一的知是良知，是先天的知；知難行易的知是後天的，是學得的與求得的；用相同，都是要人去力行。

最後提出行的分層：有科技之行，有道德之行，前者是知難行易，後者是知易行難。

7.「革命教育的基礎」（革命哲學入門：民四三、七、五、十二）：其副標題爲「闡述知難行易與知行合一的學說是一貫的」：在「革命哲學的基礎」項下，提出四點：

(1)知難行易與知行合一學說是一貫的；指出陽明並不否認知識上的「知難」，總理也不忽視良知的例證。

(2)對陽明哲學的探討：闡述陽明哲學的脈絡和內容，其重點在於「致良知」的「致」字。

(3)陽明哲學非唯心哲學。

(4)要以陽明哲學來輔益 總理的「知難行易」學說。

綜觀 總裁「力行哲學」的重點，可用下列三方面去概括：

1.救贖哲學：看見日本強盛之因由於力行陽明哲學，而中國失敗之因則沒有實行 總理的「行」，也沒有發揚中國傳統的「行」。

2.釋疑：總理提及陽明「知行合一」與眞理相悖，用體用學說等解釋之。

3.提倡「力行哲學」。

第二部份 內在涵義

「知」和「行」的問題，固然可以放在哲學的範疇中去研究，但其根本的體認還是「人性」

的課題；人性天生來就具這兩種能力；在另一方面，人生在世不但要注意自身生存在天和地之間的「在世存有」，而且也要顧及到與他人相處的「共同存有」；因而，「人性」除了其「內涵」之外，還有「外延」；人性外延的人際關係，就造成了社會，而「知」和「行」在社會結構中，又有許多不同的型態：試以簡表展示如下：

- 人性
  - 內涵
    - 天生遭遇
      - 人性能力
        - 理知——知→主知主義→科學主義→知難
        - 意志——行→主意主義→神秘主義→行難
      - 人性行為
        - 知
          - 生而知之——良知→知易
          - 學而知之——科技之知→行易
        - 行
          - 去格物致知——發展科學→力行
          - 修齊治平——致良知→力行
    - 具體落實
      - 自然界——生命衝力使然——行易知難
      - 人文界——如建國復國——知難行易
  - 外延
    - 縱的變化
      - 草昧進文明——不知而行
      - 文明再進文明——行而後知
      - 科學時代——知而後行
    - 橫的劃分
      - 先知先覺——創造發明
      - 後知後覺——倣效進行
      - 不知不覺——竭力樂成

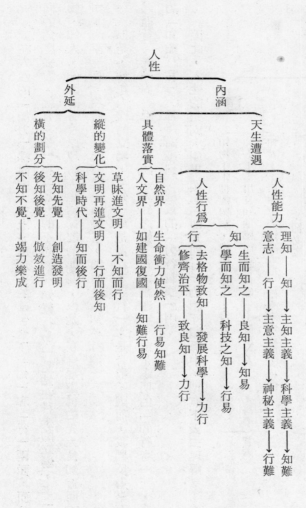

就在人性的「能力」探討中，如上表所示，的確包含了「知」和「行」兩面，而且，站在不同的角度去看，就有「難」和「易」的不同。「知難行易」是站在科學的立場，去「理解」知物、知人、知天的各種原理時，應當採取的態度；但是，在倫理道德的先天良知方面，天生來就知道倫理規範，然而實行起來就覺困難了，因而是「知易行難」。

但是，站在人性的立場，「知」祇是過程，「行」才是目標，因而，我們反對坐而言，主張起而行。無論尚書說命中篇的「非知之艱，行之維艱」，或是陽明的「知行合一」，或是 總理的「知難行易」，都將歸屬到 總裁的「力行哲學」中。

因此，人性的完成，如果站在「卽知卽行」的相互關係中，則有下表去理解。

- 人性
  - 知（理論）
    - 知物——仰觀俯察，把握物理——發展自然科學
    - 知人——用良知抽離出道德規範——發展社會、人文科學
    - 知天——用聞思修體認天道，確立宇宙觀與人生觀
    - ——智者
  - 行（實踐）
    - 用物——利用 生活必需 生活娛樂 享受文明產品——文明人
    - 愛人——實踐修、齊、治、平，成爲仁者——倫理人
    - 敬天——宗教情操 看破紅塵 大慈大悲——涅槃境界——宗教人
    - ——聖人

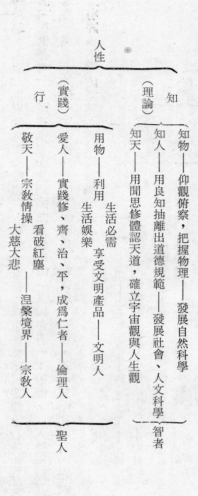

人性的完成，在當前科學時代，當然必需具備各種知識，以應世變，而透過自然科學的訓練，社會科學、人文科學的陶冶，確立自己的人生觀，而做人處事，成爲「智者」。在另一方面，則必需照着自己智慧所選擇的人生觀去生活，把理論落實到日常生活之中，透過文明的生活，獨善其身的君子風範，以及兼善天下的聖人行爲，而且帶有宗教情操的偉大心胸，成爲「聖人」。「智者」和「聖人」都是當今世界迫切期待的。人性是否能進化爲神性，國家是否會富強，民族是否會康樂，世界是否會大同，都全靠人性透過「知」和「行」，先提升自己的人性，至人格的境界；「智者」與「聖人」出，始能引導人類走向大同。

第三部份　當代意義

我們今天來討論中國二千多年前的「知之非艱、行之維艱」的傳統，四個半世紀以前的「知行合一」的理論，半個世紀以前的「知難行易」學說，以及四分之一世紀以前的「力行」哲學，究竟有什麼意義呢？

從前面所提出的「史的發展」和「內在涵義」中，我們能夠肯定「人性」在發展自己，以及建立社會心態上的重要性；今又值國家多難的時期，心理建設確實爲諸種建設的基礎。因此，對於這「知」和「行」的課題，我們設法用全面的哲學方法（用一切去衡量一切），來加以研討，庶幾吾國吾民在心態上確立正確的知識，更主要的，是要追隨　總理和　總裁，躬身力行，完成國民革命，早日光復大陸，復興中華文化，領導世界走向大同理想。

今就以心理建設之動機、方法、目的三方面，來看「知」和「行」的當代意義：

一、動　機

無論陽明的「知行合一」，或　總理的「知難行易」，或　總裁的「力行哲學」，甚至書經的「知易行難」，都是在透過「求知」而去「力行」，而這「力行」又不但是修身、齊家，而且還要去立國建國，甚至去平天下。在學說初興之時，或者由於「從易着手，學漢儒解經，學宋儒講性」，或者「以爲建國計劃太理想」，或是對革命事業「坐而言，不能起而行」，致使國家民族陷於危機中。就在這種消極的刺激，以及積極的救亡運動中，提出了「救國救民」的大計，而且從心理建設的根本着手。心理建設的提案與三民主義的講演，都是在民國十三年，三民主義的民族主義第一講，先界定「三民主義就是救國主義」，於是「心理建設」的「救國」與「三民主義」的「救國」成爲一體。

心理建設要破「知易行難」的陋習，而立「知難行易」的心態，使國人去實行建設國家。

二、方　法

一般　國父思想研究者，大都着重其「辯證」的理論部份，而忽略了「心理建設」更根本的一個因素。原來，心理建設一直要國人「起而行」，並非教國人去清晰明瞭的去「知」；「起而行」的鼓勵成份，比起「知難行易」辯證的成份，重要得多；亦卽是說；在心理建設中，「情」

佔了很大的份量，用「情」去說服人去思考「知難行易」的眞理，用「情」去喚起國人要起而行。

這「情」的成份，就是 總理夾帶在「理」的說服中的「民族意識」。我們就試看 總理在「證以十事」中所敍述的各項事實：

關於飲食方面：中國食品種類之多，洋人望塵莫及；洋人不懂得吃的豆腐、肝臟，今已科學證明爲最佳營養食品。中國烹調方法亦爲世界之冠。中國在飲食中養生之道，淸茶淡飯，豆腐靑菜，尤其豆腐，有肉類之益，而無肉類之害。

關於用錢方面：漢初桑弘羊行均輸、平準之法，實爲當今歐美財經之準繩。

關於作文方面：中國文字之功（其中並指出中文不可廢，反對主張廢中文之邪說）。

關於造船方面：鄭和能在十四個月中，造大船六十四艘。

關於築城方面：萬里長城之築成；其中更提出中國文化之同化力；亡於蒙古，但蒙古爲我所同化；亡於滿洲，滿洲爲我所同化。

關於電學方面：中國三大發明：火藥、指南針、印刷術；而指南針實爲電學之始。

關於化學方面：提出道家燒煉術，實爲化學始祖，「中國有化學，數千年矣！」

關於進化方面：人類進化之目的，孔子早有所見，卽其「大道之行也，天下爲公」，與耶穌基督的「爾旨承行，在地若天」的旨趣相同。

在民族意識的催生中，總理一直提出我國傳統的寶藏，一直在弘揚古代，即　總裁則在今人當中，希望激發國民的民族意識，那就是陽明哲學本來是中國的，無奈中國自己不用，反而被日本用了，而使日本強盛起來。

民族意識的激發，在於心理上體認傳統文化的優越，自覺民族的優秀，而不可灰心失望；而且，說明中國不但有發展的潛力，而且在歷史中確曾有過成果，在當時並爲世界之冠。但是，也就在民族優越感應該與起時，同時也就揭露了「創業精神」雖可嘉，而「守業能力」則不足的事實，過去的中國冠於世界，但如今卻趕不上歐美。

「爲什麼?」在病源學的考據下，不能不發現有「知易行難」的學說在作祟，在缺乏「力行」的精神。因而，鼓勵力行，激發國人急起直追。

在另一方面，心理建設的各項辯證中，不但隱藏了極濃厚的民族意識，同時亦暴露了　總理的博學，對每一門學理，都有深刻的研究，都能用文字表達出來；在心理的作用方面，像這樣有學問的人，知道那末多東西的人，都主張「知難行易」，一般凡人當然也就心服，而且跟着去力行。

三、目的

在諸種現象的考察中，中國固有文化沒有被發揚，因而以「民族意識」去激發意志，去力行。在消極上破「知易行難」，立「知難行易」。在當代意義中，崇洋是需要的，學習西洋的西化也是需要的，但是，固有文化、祖宗遺產可不必丟棄；而是在現代與傳統銜接中，以自身的人生觀去消融各種科技的知識；而且所有知識的獲得，志在建國復國之用。

心理建設的目的就在於「乃能萬衆一心，急起直追，以我五千年文明優秀之民族，應世界之潮流而建設一政治最修明，人民最安樂之國家，爲民所有，爲民所治，爲民所享者也。」（註四）「遵奉總理『知難行易』的學說，實踐力行，來建設三民主義的新中國，完成國民革命的偉大使命。」（註五）

附註

註一　總裁：國父遺教概要第四講心理建設之要義。

註二　總裁：總理「知難行易」學說與陽明「知行合一」哲學之綜合研究。

註三　王陽明：傳習錄中。

註四　孫文學說，序。

註五　同註二。

從比較哲學看未來的中國哲學

除了哲學的最簡單的「愛智」概念之外，哲學所要探討的課題，也就是設法界定「人」生存在天和地之間，生存在人與人之間，如何生活下去？為什麼生活下去？

在「為什麼」的問題經已開展，但卻沒有獲得可靠的答案之前，人生總是在假設中摸索，在「如何活下去」之中，以時間來換取解答的可能性。

從現實到理想，從物質的需要到精神的享受，從平凡到超人，從俗人到成佛，都在說明人性在以「如何活下去」作為跳板，來解決「為什麼生活」的最終課題。

人與物、人與人、人與天的三重關係，不但催生了人類文化，而且產生了哲學；文化與哲學都在傳遞着人類的宇宙觀和人生觀：從「為什麼生存」的形而上理解，落實並引導着「如何生活下去」的具體實踐。文化表象的生活模式，原就反影着人類思考的智慧。

但是，普天之下，因了時與空的差異，人性的發展，在與「爲什麼」及「如何」的問題相遇時，所得出的答案也就不盡相同，因而導引宇宙觀的不同，以及人生觀的相互差異。不同的宇宙觀，相異的人生觀，在各別文化以及哲學單獨發展時，倘且不容易看出其整個發展的趨勢，但是，一旦時空的條件改變了，人與人之間的交往頻繁了，意見的相互交換增加了，比較的情事自然應運而生；而比較文化、比較哲學也就成爲新興的學問。

太陽之下、世界之上，我們現有的文化體系、哲學體系，從有史的記載直到今天，有西洋的、有中國的、有希伯來的、有印度的。這四大支思想雖在量上不能概括世界文化和哲學，但在質上卻足以涵蓋人類「爲什麼」以及「如何」的問題。而且，在中國哲學發展史中，曾一度消融了印度的哲學思想；同樣，在西洋哲學發展史中，亦曾攝取了希伯來思想的精華；因此，我們在比較哲學的探討中，祇採取中、西兩方哲學，看它們的「歷史發展」，看它們的「內在涵義」，看它們的「當代意義」。

我們從這種三個面向的方向來探討比較哲學的課題，「史的發展」算是站在客觀的立場，站在哲學思想之外，去探討哲學思想的發展，以及發展的各種因果；「內在涵義」則是走進哲學問題的核心，仔細觀察人生在天和地之間，在人與人之間各種做人處事的形而上基礎；「當代意義」就是把上面史的發展以及內在涵義的成果，設法爲未來的哲學指出一條通路，而在這通道中，預言出中國哲學的未來，尤其刻劃出吾人在哲學上所當努力的方向。

我們這就開始，分三個面向來探討：

第一部份　史的發展

地緣環境成爲人性自覺的溫床，人類的發源以喜馬拉雅山的世界屋脊爲中心，向東延伸的高原和平原，大塊腹地形成了肥沃的地域，而適宜於發展農耕社會，而人民也因此養成勤勞的習慣；從這種社會中產生出來的文化，因而是和諧的、敦親睦鄰的；其政治的結構也就順自然而仁民愛物。

從世界屋頂往南伸展的山區，既貧瘦又驚險，百姓需靠艱辛苦勞，才能吃飽；其文化體系因而趨向神秘，人生出路靠彼岸的宗教意識來維持。

喜馬拉雅山西面的情形略有不同，先是一條狹長的地帶，原是富庶之區；但是由於往西延伸的海島湖泊，直接遭遇到強悍商業的民族性；於是，希伯來民族成爲長期的遊牧並流浪的民族，其文化體系因而仰慕着彼岸的協助，而發展出特有的宗教文化；而西洋自希臘海島開始，則發展了漁業、商業的文化體系，以奧林匹克的競爭意識，作成文化發展的底子，不但與東方的中國和印度不同，也和希伯來的文化互異。

就在世界上的各種民族文化，綿延不斷地發展時，無論是符合着民族性的往深度邁進，抑或由於一些野心政客在爭權奪利時，在作着違反人性的勾當，而大仁大智者出來，匡正社會風氣，提出高深的哲學理論，把眼光往永恒與無限的境界處看，這些情事，都促使哲學在文化中的相互關係；而且，也就因了這些不同的因素，在不同的時空中，醞釀成不同的哲學體系。

(一)中　國

中華民族的發源和發展，從遊牧民族很快就過渡到農業社會，春耕夏播秋收冬藏的農民生活型態，很快就形成了主張和諧的文化體系。與天和諧與人仁愛的思想催生了道家與儒家的哲學主流；道家的宇宙論與儒家的倫理學，都在設計了人生哲學的大藍圖。儒道哲學的誕生，固然一方面是受到春秋戰國的亂世所刺激，但是，其恢復文化的特性卻更是濃厚，孔子之言堯舜，老子之言天道，都表示着哲學對傳統的嚮往和信任，而要以祖上遺留的智慧來撥亂反正。其後起的文化延續，與哲學的興衰，都是在這種原則下，作着救人淑世的工作；指出眼前的利害關係，絕比不上永恆的得失；而從人性的根本體認，甚至從天道的探究，來規劃人生的規範。

甲、先秦：道家的順自然，與儒家的愛人，成爲先秦哲學的主流，在百家爭鳴中，獨能脫穎而出，而塑成了「禮讓」文化堅定不移的萬世傳統；其修、齊、治、平的漸進原理，展示了一切以修身爲本的原則，獨善其身的「君子」，與兼善天下的「聖人」，都是在引導人類走向「至善」的境地。

先秦最大的貢獻，就是指出了「仁」的概念，不但仁者會修成人格、止於至善，而且還會領導社會走向天下爲公、世界大同的理想。個人的至善是君子和聖人，而社會的至善則是世界大同。

先秦的透過聞、思、修，使人性超度，符合天道；各種德目的提倡，則是天道落實在人道世界的表象。人際關係的實行，往往就是遵行天道的明證。今生今世的理想社會，是先秦諸子哲學設計的終極目的。但這終極目的的抵達則靠個人的愼獨和修身。

乙、秦漢：也就在先秦百家爭鳴的風氣下，但主要的思想範疇卻局限在今生今世的人生哲學體系，其形而上原則所提出來的三不朽：立德、立功、立言，卻從此世引向了彼岸，從今生指向了來世。這種思想到秦漢之後，被誤認爲今生今世的永恆性；秦始皇、漢武帝的畫符煉丹，開創了以後算命看風水的文化末流，與埃及人一般，把永恆概念局限在物質和肉體之上，金字塔和木乃伊固然展示了埃及人的文明，以及他們在自然科學上的高度成果，但是，在哲學的整個體系看來，卻是缺乏了更重要的精神因素。秦漢時代長生不老的追求，在超度的意義上固然可佳，但是卻與修身的原則背道而馳，更錯懂了三不朽的原義。

丙、隋唐：先秦三百年的光榮（以孔子生到荀子死爲階段），被秦漢六百年的黑暗時代所掩蓋，幸好印度佛學的東來，以其小乘的輪廻學說，把三度時間的原理，辯明了報應的宗敎信道；以前生前世的因緣，來說明今生今世的生、老、病、死；更以今生今世的善果，來超度來生來世，以進入涅槃的境界。

顯然的，輪廻報應的思想，是先秦「修身」的重新反省和肯定；其來生來世的極樂世界，也是先秦在平天下後的風調雨順、國泰民安的進階。

從小乘佛學的輪廻報應思想，被提升到大乘佛學時，佛教中國化，以及中國涅槃化的目的已經達到，而中國文化畢竟消融了印度文化的神秘性，使其落實到民間的生活層面。先秦哲學所沒有發揮盡致的宗教情操，今由佛學的傳入和發揚，終於變成了中國文化的一部份。

丁、宋明：佛學八百年的努力，引起了宗教情操的高潮，到了宋明時代，又興起了另一股人文氣息較重的理義之學，配合着民族意識的覺醒，思想家總希望跳躍過外來文化的混雜，而恢復到原始儒家的人本精神。程朱陸王的努力，都在於用當時的知識論，設法把先秦的宇宙論和倫理學系統化，而導引出人生哲學的大歸宿。理氣問題的爭辯，心物問題的探討，都以知識為手段，去建構宇宙人生的藍圖。

戊、清代：清朝在政治上用順民政策，把哲學隱藏在文學背後，使士大夫階級以榮華富貴、功名利祿來提昇自己的社會地位，對民族文化的意識逐漸淡泊，對人性的修練也多在文學藝術方面。

當然，這種藝術的人生，如果太陽和月亮之下祇有中國，倒屬無所謂。但是，世界上除了中華民族之外，尚有洋人，後者在明末清初時已經和中國取得了或多或少的文化交往。而在中國士大夫惰性正濃時，英國在印度種的鴉片，就源源地輸入中國，林則徐火燒海關毒品而引起的鴉片戰爭，則是中西武力交往的第一回合。西洋的科技的優勢，在這次交往中馬上呈現出來；崇洋與自卑的意識也就在十九世紀後半期，成爲中國思想界的主流：這意識領導了「打倒孔家店」的運動，也掀起了「船堅礮利」的構想。「西化」的序幕已經打開，問題祇在「全盤西化」，或「部份西化」的抉擇課題而已。

(二) 西洋

西洋文化源自希臘海島，在捕魚與經商的生活型態中，對「如何活下去」的問題，都是與天爭與人爭的解答；其奧林匹克精神中心，十足地暴露了西洋文化淵源，就是以「競爭」爲中心，與中華民族祖先的「和諧」觀點，大異其趣。由於要爭，於是要知物、知人、知天；也就是以知識論爲中心，知識主客二元的對立形成了洋人學術定而不移的原理；爭端不但在政治上以及社會上，就連哲學也不例外，都在派系之爭中優勝劣敗。但是，西洋哲學卻在這裏扮演了救世的角色，從希臘開始，經中世、近代，以致於現代，都在修正其文化的偏差。我們就請以文化和哲學的關係，來看西洋哲學史的發展情形：

甲、希臘：希臘的奧林匹克中心的競爭思想，催生了奴隸制度與殖民政策，武力的擴充以及征戰的事實，都在文化系統的途徑上邁進。希臘哲學家的誕生，也就在於扮演着救世的角色，而拯救文化的危機；用物、愛人、敬天的提倡，是希臘哲學在針對奴隸制度和殖民政策的大手筆，無論是柏拉圖的理想國，或是亞里士多德的倫理學，都在設計人間世社會的大藍圖。蘇格拉底的從容赴死，更指證了今生今世之外的來生來世，以及此世之外的彼岸正義。

希臘哲學的最大貢獻，在於發現了人性的「智慧」，其對「智者」的尊崇，不但以之爲哲學命名，而且一向以知識爲中心，去探討宇宙人生的奧秘。「智者」透過教育對宇宙二元的劃分，畢竟又統一在人的靈肉二元合一之中；在探討靈魂方面，有形而上光榮的追尋；去對肉體的處理，有形而下的物理把握。

「知卽德」的西方智慧，雖不像中國先哲的「行卽德」來得具體，但是，其在時間上的三度把握：前生前世、今生今世、來生來世；以及空間上的提案：用物、愛人、敬天，卻把宇宙和人生的根本學問，畫成了龐大的體系，而終於把人性，定位在天和地之間，使其成爲二元的統一，而爲萬物之靈。

乙、羅馬：雅典政權轉到羅馬人之手之後，煉金術也應運而生，和中國秦漢時代一樣，百姓開始淡忘「一分耕耘、一分收穫」的原理原則；但是，在政治生活上，仍然是征戰，仍然是奴隸和殖民，希臘哲學不但沒有陶冶洋人的品格，反而變本加厲地擴充了殖民地，不但擁有了歐洲和北非，而且亦奴役著小亞細亞的希伯來民族。

以今生今世的榮華富貴，和權利慾念，作爲人生目的的羅馬，在文化上的沒落是可想而知的。幸好當時社會制度中的奴隸——希伯來民族，從彼岸帶來了信息，不但挽救了羅馬文化的危機，而且給西方催生了另一個文化高潮。這就是西洋文化分段中最長的中世。

丙、中世：希伯來民族以「人的靈魂爲上帝的肖像」爲原則，講述了人人平等的信念；又以工作六天、休息一天的制度，保障了下層社會的權益。基督徒終能以生命和鮮血，在羅馬帝王三百年的仇敎運動中，換取了宗敎信仰的自由。中世文化的型態，從此成爲基督宗敎的文化，其哲學的創立，一方面發揮人性今生的理「知」，他方面又探討來生來世的奧秘，並以「信」仰來連結此世與彼岸。敎父哲學的「知」和「信」合一，士林哲學的「知」與「信」分離，都是在神學和哲學之間，謀求解釋宇宙和人生終極之道。

基督的仁愛，徹底地修正了西方傳統的奴隸和殖民，「我的國非來自此世」的信念，也震醒了西方對今生今世的留戀。神學深奧處，把奧秘的上帝，透過耶穌基督的降臨，而成爲具體的、參加人類歷史的上帝。原屬彼岸的天國，亦在敎會的廣揚中，獲得「在地若天」的神效。尤其十三世紀的發展和進步，各大學的設立，指陳了西洋對「智」的重視，而各種修會的創設，更表示着洋人接受了希伯來「聖」的觀念。

宗敎情操的培養，使西洋一千多年壓制着奴隸和殖民的野心，而靜靜地在學術上發展着知識。

丁、近代：但是，宗敎情操的破滅一方面來自敎會本身的分裂，另一方面則是俗世精神的文藝復興，以及後來的啓蒙運動。敎會內部的爭權，導引到宗敎情操的衰退，而文藝復興的民族意識，則要回復到希臘的人文，而放棄外來的基督宗敎；啓蒙運動更要以理知的尺度，去衡量信仰的神秘境界。

近代的哲學，在前半段的時間裏，都不敢正視人生的問題，無論是理性主義的懷疑，或是經驗主義的獨斷，都把哲學局限到知識論之中，其實體之爭雖涉及到形而上的領域，但是，事實上卻無法進入倫理的、藝術的、宗教的層次。

近代哲學一直要等到康德出來，才展示了人性不但是認知的主體，而且亦是道德實行的主體；而以爲人性的完成是在倫理道德的超升。及至德國觀念論出，才在宇宙動態的體系中，找出全面的、理想的、以絕對精神爲依歸的人生觀。但是這種哲學的人生觀尚未影響到具體社會，而西洋復古的奴隸和殖民的野心，早已死灰復燃，而在科技的發展下，推動了工業革命，同時產生了西洋十九世紀後半期的黑暗時代。

戊、當代前期：西洋十九世紀後半期，在文化上是主張奴隸和殖民的社會政治，而在哲學上則是唯物、實證、實用、功利；發揚了只顧強權、沒有公理的做人態度。哲學在西洋十九世紀後半期，不但沒有負起挽救危機的使命，反而助長了人性沒落的速度。自然主義的「科學萬能」信仰，把主體的宇宙和人生，都壓成扁平來討論；傳統的用物、愛人、敬天的三層次，都落入了利用的層面，所有的人際關係，都祇成了人與物的關係。共產主義之蔑視人性，是世界人類歷史中從未有過的浩劫。

(三) 中西交往

中西交往不在希臘與先秦，也不在漢朝與羅馬，佛教與基督宗教也沒有彼此交換宗教情操，而中西文化的交流，竟然在中西雙方都是在最低潮的時刻。

這種交往的方式，當然是站在極不協調、極不平等的情況下進行。中西交往對西洋來說，不但沒有什麼吃虧，反而助長了其奴役與殖民的信念，更助長了其民族的優越感，在發展各種學科上，都有了絕大的信心；就是到了二十世紀的覺醒時代，無論是生命哲學修正了實證主義，亦無論是現象學修正了唯物主義，亦都在自信之下去完成新的體系。

可是，中西交往的影響，卻直接導引了中國士大夫對傳統的誤解和失掉信心，甚至演成了「打倒孔家店」的悲劇；二十世紀的中國文化，可以說如同斷了線的風箏，失去了根的一代。大陸之淪入共產主義之手，就是由於中國無形中中了「德先生」和「賽先生」的毒，而接受了唯物、實證、實用、功利的學說，來代替傳統的仁義道德。

就在反傳統反宗教的核心運動——五四的那一年，國父孫中山先生出版了他的文言本「三民主義」，銜接了中國的現代化與傳統，吸取了中、西兩方的文化精華，爲中國的未來開創出一條政治的、社會的可行路線。可惜由於第三國際的蓄意栽培，以及軍閥的割據，還有日本的侵略，終於在政府無暇顧及各方面時，赤潮呑沒了華夏。現在，唯有賴台澎金馬無論在理論方面，或是在實踐方面，都設法追隨　國父遺敎，銜接優良傳統，吸收西洋精華，希望藉主義的研討，而復興中華，拯救世界。

中西交往亦唯有在民族平等、主權獨立、平等互惠的原則下進行，不但要廢除不平等條約，而且要以儒家的天下爲公、世界大同的理想政治和社會，作爲人生在世，從修身到齊家，到治國，到平天下的目標。

第二部份 內在涵義

在中西哲學的發展上，提到其內在涵義時，實可由無數的面向去探討；首先，我們可從最簡單的方法着手，看它們相互之間的異同，然後再在異同處，分成各種本質、方法、特性，以及形式、內容等觀點去探討。

(一) 相同方面

中西文化相同的地方很多，其哲學的產生和存在的方式，亦有許多相同處。現在我們就用三個面向來討論：本質方面、方法方面、特性方面：

甲、本質方面：中西哲學都遭遇到抽象的「時」「空」課題。在時間上，雙方都無法滿意於今生今世，而都把時間往前往後伸展，而成爲人生在宇宙中，有前生前世、今生今世、來生來世的三度時間；但是，哲學所關心的，也唯一能夠把握的，祇是今生今世。在空間的交往上，從知識的最原始層次的「知物、知人、知天」，走向了分層的「用物、愛人、敬天」；亦即是說，在哲學的探討中，無論中西，都曾經把知識、道德、藝術、宗教四階層，作爲研究的對象，而希望透過知、行、感、信的方法，去把握住眞、善、美、聖；藉以顯示出人性能夠累積常識而成知識，利用知識而彰顯智慧。「智慧人」的降臨塵世，就顯示着精神臨在於物質，而一切發展和進步，都順着智慧的「目的性」進展。宇宙和人生因而都不是盲目的，而是由智慧所引導，有內在目的性的整體。

人類生存在世界上，利用感官、理性、信仰，去把握所有形而下，以及形而上的事物；它能理解此生此世的種種，它也能接受來自彼岸的信息。

宗教情操的發展，在中西方面的哲學史中，都是佔時最長，內容最豐富的時代，同時亦是人性最受到尊重的時代。

乙、方法方面：中西哲學方法，固然在知識論上大異其趣，但是，在建構整體哲學來說，仍然同多於異，都是從人性的體認開始；在認清人性之後，就是超度自身的實踐。在「知」不足時，就由「行」來補足；在「行」又感不足時，就投奔到「信」的境界。本來，人性的智慧，都是從感官的直接認知，作爲知識的開端，感官一旦遇向了極限，理知就出來補足，並繼續提升人對外在世界的認知。可是，人生的範圍除了環境之外，尙有更重要的心境，於是「人是什麼」的問題，已不足以滿足人性求知的慾望，而必需在上一層的「人將變成什麼」的課題上找到答案。這也就是人類在哲學智慧中，從知識超升到倫理道德的層面。這種從眞到善的追求，指出了其後層層上升的可能性，亦卽藝術宗教的領域，而以美和聖來陶冶人的心靈，從塵世的生活走向精神的生命情調。

「超度」的方法不但含攝了感官、理知的認知層次，同時亦包容了直觀和感受的神秘部份。人性的發展和進步，固然可以由感官的接觸，以科技的成果來衡量人類歷史的演進，但卻更能夠在其精神生活，眞、善、美、聖的享受中，觀察出人性的尊嚴和價值。

丙、特性方面：中西哲學的發展，都在「以一切去衡量一切」爲最終最圓滿的目標，以整體的人，去探討整個的宇宙和人生：在宇宙中兼顧此世與彼岸，在人生中兼顧前生前世、今生今世、來生來世；一旦文化發生偏差，哲學就必然出來，以救世者的自勉，來指點迷津，而歸還哲學的「以一切衡量一切」的特性；就像西洋詭辯學派出現了「人爲萬物的尺度」時，蘇格拉底就出來，指出眞理的客觀性，來補救主觀的偏差；再如漢代的煉丹畫符的文化末流盛行時，王弼和何晏就出來，要回復原始道家和儒家，指出天人的正常關係。

中西哲學發展史中，最值得注意的特性，莫過於自身文化不足以救亡時，都在設法接受並消化外來哲學，以補自身的不足；而且，總是在與別的文化交融之後，產生出來的新文化體系，其光輝的程度甚至比以前更加燦爛。中國的佛學時代如此，西洋的基督宗教時代亦如此。

而且，就在文化不足的史實中，中西方的情況，都是在倫理道德的形而上基礎漸漸失落，道德本身已不足以爲自己奠立永恆的穩固基礎時，像漢代的煉丹，先秦的倫理規範已不足以闡明「修身」的原義，因而有佛學宗教的「信仰」來補足，在今生今世的倫理報應之背後，找出來生來世的涅槃報應智慧，來補足道德實行的動機。同樣，在西洋羅馬的倫理學無法壓制住洋人奴隸殖民的野心時，希伯來的宗教信仰，指出了「靈魂爲上帝的肖像」，作爲人人平等的理論，而制止奴隸與殖民文化的蔓延。

當然，中國的佛學已經不是印度的，西洋的基督宗教亦不再是希伯來的。中國佛教化、佛學中國化是隋唐在文化演變史上最大的貢獻；同樣，在西洋中世的大手筆，也是西洋基督化，基督西洋化的努力。

(二) 相異方面

就在許多共同處，因爲站在「人性」的根本立場去看；但是，由於時空的不同，哲學因而有了差異，甚至有些是根本的差異：

甲、形式方面：中國哲學的誕生，固然亦是以救世者的身份出現，但是畢竟配合着文化的主流，因而表現哲學的文字，都在深度感受方面着眼，而目的在於引導人走向人格的高尚境界，因而其文學表現方式非常深奧，要以自身的境界超越，才能「領會」其中道理。就如論語，談它的人，天天談，年年談，畢生都談，但每次談，都會有更高一層意境，懂得更多更深。

西洋哲學的確多在「救世」的情況下出現，因而「說理」成了它的最重要形式，一個人要讀亞里士多德的邏輯，絕用不着天天談，年年談，而祇要用思考把它搞通一次就足夠。

西洋重思辯，中國重直觀，早已爲研究比較哲學的人所發現；當然在這原則上亦有例外，像奧古斯丁的「懺悔錄」，像抱朴子的「詰鮑篇」，都是一反原來的傳統，前者走進了領悟的深處，而後者發揮了思辯的才華。

乙、內容方面：因爲形式的不同，所含攝的內容也就有所差異。在最根本的思考上，中國哲學的圓融性，包羅了萬有；而西洋比較重超越性，由下而上的超升發展。也就因此，中國哲學總以倫理學爲中心，而以宇宙論爲歸宿，無論儒者的修行，要達到的「天人合一」，或是道家的清靜無爲的修練，以達到「物我相忘」，都是由道德走向本體的道途。西方哲學的內容恰好相反，由於思辯的方式，先是建構了知識論，然後在知識之上，去建構形上學的基礎，就連宗教中崇拜的對象上帝，也用論證的方式去辯明。安瑟倫的本體論證，多瑪斯的五路證明，都是在知識論上，去闡明形而上的眞理。

尤其在哲學的高峯，追求神聖的宗教上，中西更有不同的見解，西方宗教接受了希伯來「原罪」的教義，而強調人性的「極限」，因此必需完全靠「信」，才能超度。東方宗教由印度佛學的啓示，單在「人人有佛性」方面着手，配合了中國固有的人文思想，主張人性的「能力」；因而，在中國發展的宗教，總是指出人性憑自身的「修練」，就可以抵達「涅槃」的境界。

在圓融性的體驗以及知識思辯的差異之後，緊接着就藝術生活與科技生活的分野，這也就是爲什麼中國一向在詩詞歌賦上，有非常特出的表現，而西方則發展着自然科學的技術：西洋社會總會讚美富有而鄙視貧窮，除了基督宗教情操之外，少有與中國智慧中的安貧樂道。其實，人生最主要的是幸福，而不一定是富貴。

因爲藝術生活比較着重於人際關係，而科技生活則着重人與物的關係，如此，中國倫理學的發展，尤其人際關係的繁雜詞彙，絕不是世上任何民族文化所可比擬；同樣，西洋自希臘以還，也發展了世界上最多的科技名詞。

就在最簡單的對話中，中國文化對「人」，而西洋文化對「事」的跡象，隨處可見。「府上那裡？」——「小地方上海！」的對話，祇有中國有；「你不是美國人嗎？」——「是，我是美國人！」的答案方式，也唯有出自洋人之口（中國人面對「你不是中國人嗎？」的問題，必先否定問題本身，然後再提出眞實答案，而爲「不！不！我是中國人！」）。

第三部份　中國未來哲學

從中西哲學史的發展線索，以及比較發展的內在涵義看來，人類的智慧和昏庸，以及文化的高潮和沒落，我們都可以看得清楚。也就在對過去的本質和法則的體認，讓我們來預卜中國未來哲學的方向。我們分兩方面來入手，先是可能發生的，然後指出應走的方向：

一、可能發生的：在哲學發展的可能性中，我們從歷史的經驗，知道埃及、巴比倫、斯巴達都已淪亡，也曉得羅馬興盛過，滅亡了；更清楚滿清興旺過，滅亡了。而且亦知道，希臘當時不是迦太基的對手，但是迦太基滅亡了，而希臘精神永存；希伯來被巴比倫奴役，但是，巴比倫早已成爲歷史的古跡，而希伯來文化永存。這些存亡的因素深度的分析起來，不外乎下列兩個重點：一是人性文化，一是民族意識。迦太基祇有科技，而希臘發展人性文化，因而迦太基亡，希臘存；滿清喪失了民族意識，過份崇漢，而希伯來民族意識非常高昂，因而希伯來存，滿清滅亡。

在這些事實之後，我們再看看中國的現狀，大陸匪區的「全盤西化」，侮蔑中國文化，相反人性和人道，必然走向末路。而臺省文化界的崇洋氣息本來已經可怕，但仍不及對傳統的不經心爲害更大；自卑與崇洋足以消滅自身文化。當然，如果認定中國文化祇是算命看風水、小脚和抽鴉片，當然就要揚棄之，而接受外來的東西；但是，若傳統文化更有高於世界其它文化者，像仁愛，像天下爲公等理想，揚棄之後，世界要以什麼哲學來拯救危機？滿清拋棄了自己的一切，而漢化了，算是滿清的造化，中國是否要放棄一切，而全盤西化？

適度的西化是可以的，也是必需的，在文化自身不足以救亡時，是必需向外來的文化伸手，就像 國父的三民主義，是吸取了西方精華。但是，現在的問題核心，就在於何者爲西方精華，何者爲西方糟粕的分辨；是西洋十九世紀的唯物、實證、實用、功利？抑或是其基督宗教的制度，以及科學方法？

因此，在未來中國哲學的發展問題，根本上是全有或全無之爭的問題；像目前的自卑和崇洋的心態，祇有一個可能性，那就是中國哲學以及中國文化的末路。

站在樂觀一點的立場來看，就是在 國父的遺教中，找出民族意識的覺醒之道，而發展哲學智慧，從根救起，認淸合時宜、合潮流，但同時能指正時弊，能領導潮流的人道思想，無論它是中國固有的，或是西洋的，都應拿來應用；使一切都成爲中國的現代化，但同時是現代的中國化。消化了洋東西，卻不發出洋味；正如吃了一塊牛排，而沒有半點牛性一般。

二、應走的方向：人性的重新反省及自覺，是當代科技高度發展中必需的途徑。西洋在這方面似乎超前了許多。在工商業社會中，他們發明了科學哲學以及存在主義等適應時代，同時又領導時代的哲學思想；反觀我國哲學界，不是在訓詁，拾古人牙慧，就是搬西洋人的邏輯課本，不然就像大陸的註解馬克斯思想；少有自創的哲學體系出來。

當今之道，唯有在比較哲學的助佑下，先認淸「哲學」對人生的關係，而又能站在「人性」的立場，去把握人性發展的方向。現代「人性」的根本問題，也就是在於西化和復古二方面的核心問題，是「人性是否有極限」、「人性本身是否自滿自足」？這問題在沒有獲得解答前，中西哲學相遇可能是喜劇性，但畢竟會不歡而散；因爲在這種宗教式的終極問題前，人性是否可憑自己能力，完成人格，而拯救世界？或是，人性本身就是憂懼的，是從存有分受下來的一點存在？

這也就是佛教的宗教情操與基督宗教情操相遇的根本問題，也就是道德規範是否成爲形而上的動機問題；「人性」本身的獨立性或依賴性，並不是任何口號就可解決的，而是要人類在歷史的感受中，一點一滴的經驗累積而成的。

如果人性本身不是自滿自足的，也就等於說，進化學說中的從物到獸，從獸到人，「人」是否是進化的終極？或是如 國父所主張，從人到神才是進化的最後階段？如此，人性要探討在它自身以前存在的種種宇宙，以及與它同時的進化法則本身，就必需在自身之外找尋因果法則，去找尋各種行爲的因果報應？或者，更在今生今世之後，去探討前生前世，去透視來生來世的境況。

在史的發展中，我們經歷過許多哲學危機，又經驗到各種救援之道，並且，也享受到哲學復興的喜悅。現在，也正是時候，我們要靜下心來，檢討一下現在的哲學危機，或者文化危機是什麼，是否過於偏重功利？是否對精神價值太過淡忘和忽視？在提出挽救之道中，是否在太過強調倫理價值，而忽視了宗教情操？

在更具體的情形下，在落實到社會上時，我們要問：法治社會的可能性，是否應有宗教制度作爲形而上的基礎？經濟成長中要消除貪汚現象，是否需要宗教的報應觀念來阻嚇？在目前社會中的修成，顯然的需要入世精神；那末，「活在現世，可是不屬於塵世」的功力，要從那裡得來？入山修道已不足以超度工業社會時，是否祇有獨善其身一途？而再也無法兼善天下？

在經驗中長成的哲學智慧，總是可以在文化危機中，指出救亡之道。除非因了我們的愚蠢，斷送了中國哲學的慧命；否則中國哲學一定會因了哲學家的發展和苦心，而成爲未來世界哲學的一支，而且，是很主要的一支。

中西精神思想發展之比較

——及其現代意義

本文原為第一屆「哲學與文化講座」的第一講，由作者親自整理定稿。以中西精神思想的發展為經，而以知、行、感、信之內涵為緯，條分縷析，高潮迭起，尤其許多慧見更是發人深省。

本文分三部份：史的發展、內容比較與現代意義。

「史的發展」即站在問題之外，以中西精神思想的發展為經，以各家各派的精神思想為緯，來看此兩大文化體系之核心。

「內容比較」即走進各時代各學說之中，窺探出人性在自我超越的努力上，所作的成果。

「現代意義」是在「史的發展」及「內容比較」之後，嘗試着為人類精神文化，指出一條出路，以及可行之道。

第一部份　史的發展

在中西精神思想的發展中，我們暫且先把中和西分開來討論，然後才在適宜的時候提出比較。

我們先看西洋部份：兄弟將之分成七個階段：希臘、羅馬、中世、近代的知、近代的行、現代前半期、現代後半期。

一、希臘開創了西方的「人本思想」。早期希臘人由於生活必需的捕魚和經商，以及生活娛樂的「奧林匹克」，都發生了對人性「生存」與「本質」的問題；然後用「神話」的方式，設法給予解答。

「神話」之後出現了「哲學」，從「太始」的問題，一直到「原質」問題，解釋著宇宙和人生的根本；持續著天人之間的各種奧秘，連繫著此世和彼岸的各種信息。

蘇格拉底以「知」的啓蒙，消弭了詭辯學派強詞奮理的作風，而在「行」上，消滅了靈肉兩元的困擾，同時以人性的「眞」和「誠」，開闢了從此世通往彼岸的大道。而且，認定了人生的意義就在於，在此世就把握住彼岸的正義和永恒，以與今生的不義和暫時性，作一種二元的劃分；但同時亦指出，人性的「自知」和「自願」，總是偏向於「善」的一面。

蘇氏弟子柏拉圖，把宇宙二元建構在觀念界的「至善」之中，利用畢達哥拉斯的「輪廻」以及蘇氏的「來生」，架構了人性的三度時間：前世、今生和來世。人生的現實由前世決定，但是，人生的意義卻在來世。更由於「肉體——坟墓」一說，使人性二元恰好超度了宇宙二元，給予中世思想最大最重要的啓示。

柏氏弟子亞里士多德，更從此世的質料和由彼岸來的形式，用無數層次的二元超越，使人頂天立地；其邏輯系統與因果原則，都成爲日後中世精神思想的舖路工作。尤其由於因果律的推出，使「生生不息」的宇宙，襯托出「第一原動不動者」，而成爲形上學「思想本身」之藍本。

希臘的宇宙觀和人生觀，奠基在無限重疊的立體宇宙架構上，而這架構的外揚，就是人性「知」的啓發。

「知」是希臘精神文化的工具，其起源是神話，其發展是哲學，其出路是彼岸的正義，以及自身的「智者」頭銜。

二、亞里士多德設計的「知」的進程，下有物理哲學的探討，上有形而上學的深度。亞氏故後，後繼無人；大計劃、大體系由此中斷。

當雅典的政治、經濟、文化、學術中心，轉移到羅馬之後，政治固然非常輝煌，軍事亦有史册記載，但是，文化和哲學則呈沒落狀態。「知」的深度失去了重心，而代之以興的，是「行」的平穩態度，以維繫人性本身二元之矛盾：倫理與感性。希臘形而上的「至善」，到此變成感性的「快樂」。哲學問題的重心已不再是廣大悉備的宇宙和人生，也不再穿透此世與彼岸，而轉至生活體驗中的「解脫」；還有煉金術的興起，使人性墮入於物性的圈套中。雖有普羅丁出來力挽狂瀾，但爲時已晚。

三、就在文化衰退時期，幸好由東方傳入一支希伯來的民族信仰。用「從彼岸來的信息」，補足了亞里士多德向上發展的形上學體系。「上帝肖像」的設計，把人類精神生活的寄望，從天國拉到了人間；「我的國非來自此世」，但是，上帝的國仍然要「臨格下地」的。

奧古斯丁集了教父的大成，分從兩條路走進形而上的神秘界：先是進入內心深處，進到「知」的極限之外，又升到超越之外，超乎了人性「能知」的階層。因而，在二重神秘之中，與神秘的世界相遇。因而發現了人性的「極限」；加上「原罪」的感受，而自覺需要上天的救援，而在「知」之外，發展了「信」的宗教情操。

士林哲學大師多瑪斯，復以希臘的「知」，和希伯來的「信」，相互貫穿，形成了另一次的精神文化高潮；把柏拉圖的「分受」，以及亞里士多德的「類比」合併運用，創造了神學哲學的偉大體系。

中世的精神思想，用了三度時間性，把原罪歸屬到「前世」的因緣中，而今生和來世，則用重疊的三重宇宙觀：知、行、信的抉擇，接受了耶穌基督的福音。

中世的人性，因了「上帝肖像」的靈魂，有一種非常特出的潛能，它能衝破時間，走向永恒；衝破空間，走向無限。在永恒和無限中，人性與神性相遇。

四、中世的「知」曾一度走火入魔，導引出「唯名論」，後者斷送了所有形而上的深度，而把立體重疊的宇宙和人生，斷送在語言分析之中。

近代的理性主義和經驗主義，伴隨著自然科學以及民族意識而誕生，以其平面的數理法則，壓扁了所有第三物性的價值，而喪失了「人性」頂天立地的潛能。「知」的復古祇不過是亞里士多德的邏輯和物理層次。

一旦理性主義從懷疑走向獨斷，一旦經驗主義者由獨斷的心態而開始懷疑，人性的精神生活就失去了保障，乃至於「知」祇奠基在「實驗」的範圍內；超越界與神秘界此情此景之下，祇好退隱。

五、就在「知」的危機聲中，有「康德」和「德國觀念論者」出來，復以「倫理道德」的超越界，超度了理實世界的一切醜惡；把平面的、數理層次的「靜」的境界，點化成倫理的、藝術的、宗教的「動」的狀態，而再創生立體重疊的宇宙觀，甚至刻劃出西洋傳統的精神思想的綜合成果；以「絕對精神」的親在，灌注著今生今生的一切存在階層。價值觀念的重新估價，使近代的德國哲學，復藉了新康德派的發揚光大，至今仍有它的輝煌成就。

六、黑格爾死後，西方在精神文化思想上，有三十年的分裂，後來又有四十年的對立。在分裂和對立的思想紛亂中，顯然地，忘記了文化思想在危機時代的救援，更忽視了東方希伯來民族的宗教情操所給予西方的新血液，而冠之以「黑暗時代」的稱謂。

當代思想前半期，卽十九世紀後半的情形，是以自然科學的優位，涵蓋了精神思想的一切，因而人與人之間，呈現出「鬪爭」、「奴役」、「侵略」等罪行。

無神、唯物、實證、實用、功利，甚至共產主義，都在此期誕生及發展。

七、二十世紀初年，是西方精神思想覺醒的時代。相對於唯物主義，有胡塞爾的現象學出來，以「回歸內心」的方法，指出主體性的優位。在法國誕生了柏格森，其生命哲學足以破除實證主義的偏差。還有精神價值以及宗教情操的復甦，更在英語體系中發揚，隨著又有存在主義的發展，以「個人」的感受出發，重新探討了「人性」的超越能力。

在物質、生命、意識、精神四層次的劃分中，重新還給了精神以最高的價值。

綜觀西洋精神思想的發展，希臘以「知」爲中心，祇有三百年的光榮歷史；羅馬設法以「行」來修養人性，竟佔時六百多年。中世的日子很長，至少有一千二百年的歲月，是以希伯來的「信」爲方法。隨著而來的文藝復興和啓蒙運動的近代，極力設法回到古代的「人本中心」的「知」，但卻把立體架構遺失了。康德和德國觀念論並沒有完全成功。這二百年間的爭執，一直延續到當代一個半世紀，所走的路線是知行信的綜合。

從此，西方歷史發展中，「知」的年代最多不超過三百五十年，「行」的時間有五百多年；而「信」卻佔去了一千多年，是西方文化最長的階段。在「信」的時代裏，人性以超度的方式，走進神秘界，與神性結合，而成爲「神人」。而再把「神人」的模範，推向耶穌基督；於是，世界成了上帝「宇宙化」的表象；而人以及耶穌基督，則成了上帝「人文化」的親在。

接着，我們探討中國部份。兄弟將之分成六個階段：先秦、秦漢、隋唐、宋明、明末淸初、淸末民初。

一、先秦開創了中國的「合一」思想。在以「行」爲中心的精神文化設計內，個人要從「愼獨」開始，從修身而齊家而治國而平天下。把哲學的問題局限在個人如何修身，如何以「獨善其身」的方法，使自己成爲「君子」；又如何以「兼善天下」的偉大胸懷，而成爲「聖人」。

這種發源並發展於大平原的民族，總直覺得在人生途中，所遇到的同類，都是旅途中的伴侶，因而以「禮讓」的「謙謙君子」的方式，與別人交往。「禮」的發展和推行，便成了中華民族祖先的文化遺產。

也因此，中國古代的人，對自然界的處理，都站在藝術和宗教的情操上，以「和諧」爲第一要點，消融自己的主觀在自然界內。

因而，以「行」的實踐，來連結自然界和道德界，同時把「知」的層次，消融在「行」的範圍內。孔子的「知之爲知之，不知爲不知，是知也」的表出，正是此意。

儒者對「仁」的觀念，一如柏拉圖的「善」觀念設計；道家的「讓」也正好與奧林匹克精神相對。孔子與蘇格拉底的「知行合一」，亦成爲人類早期的精神產品。

二、但是，從秦始皇聽李斯之計焚書坑儒，而項羽又在攻入咸陽時，放火燒了阿房宮；於是，後起的漢朝，雖在政績上輝煌，但在文化上，不得不從「行」走向「知」，考證經書的眞僞。及至「知」的發展，到了「鍊丹畫符」之後，就成了像埃及一般的物質文明，無法超度到精神領域之中。這期雖有何晏出來，復興儒家，王弼出來，復興道家，但因狂瀾已深，無法把現實生命帶領到無限和永恒裏。

三、就在「畫符鍊丹」的文化末流，佔據著中國文化時，適巧有印度的佛學傳入，以「信」的方式來超度「知」，同時又在不知不覺中，超度了「行」的意義。

佛學在時間上分成了主體的三段：前世、今生、來世；而且以前世的因緣來解釋今生的煩惱，以今生的事功來奠定來世的禍福。這「行」的意義的指向，把今生的歸宿導引到來世的「涅槃」境界，使人成爲「佛」。

「輪迴」的教義與基督宗教的「煉獄」一般，都在指出人性超度自己時，應有的進程。「人性生存在世界上，卻不屬於這個世界」，以及「死亡不是生命的結束，而是生命的開始」，中西宗教都有異曲同工之妙。

四、西洋有文藝復興的「民族主義」運動，希望跳過中世希伯來信仰的因素，而回到希臘的「知」的層面；中國在這種意義上也有文藝復興，是即宋明理學的誕生。他們企圖跳過隋唐佛學的外來文化，而回歸到以「行」爲中心的先秦。

把古書拿出來，賦予一種當代的意義；用一種不知不覺的「佛」家氣息，做成了「儒佛」大統一的偉大體系。在「行」的層次上灌注了「知」和「信」的各種精義；使先秦不太明顯的宇宙論架構，此時用「道德」的磚塊，一層層地建立起來。把人性和物性統一在「生生不息」的宇宙活動中。周易的研究和運用，點活了宇宙和人生的全面秩序。

五、明末清初開始，西方傳教士帶著聖經和天文知識東來中土，開始考驗中國知識的內力。及至「禮儀之爭」割斷了祖先崇拜和至上神的連繫之後；中國開始閉關自守，發展文學的詩詞對聯，西方則發展其自然科學的「競爭」天性。終於，鴉片戰爭的砲火轟開了閉關的大門；而在船堅砲利的情況下，被迫走向了西化之途。

六、西化問題千頭萬緒，但亦有「全盤西化」與「部份西化」兩種主張。西化問題不甚重要，重要的是：在西化過程中，對中國傳統文化應抱持何種態度的問題。

「打倒孔家店」的說法和做法，完全把中國受到列強侵略的責任，往傳統上推。於是西化不成，舊傳統又遭遺棄，文化眞如斷了線的風箏，無法落實在民生層面。

在西化過程中，也曾出現著「民族主義」思潮，導引了中西文化論戰。論戰的結果是，公說公有理，婆說婆有理，不是對西方認識不夠，就是對中國認識不深。

「科技」的崇拜亦是論戰中的焦點之一；但是，精神的準備工作，卻來不及跟上現代化。因而，近百年來，洋化的人儘自洋化，保守的人也儘量保守；二者總是沒有找到交往的中心；尤其以爲西洋十九世紀後半期的唯物、實證思想，是西方幾千年文化的代表，故是「物質文明」；而中國呢？則是先秦時代的「精神文化」。

綜觀中國的精神思想發展，比照著西洋的發展史，就有許多雷同的地方：

先秦諸子也與希臘一般有三百年的光榮歷史。

秦漢的哲學衰世與羅馬一般，有六個世紀長。

西洋在羅馬之後由外來文化補足，而興起了中世宗教時代；中國在魏晉之後，亦由外來文化補足，而發揭了佛學思想。西洋有一千兩百年，中國亦有八百年的宗教時代。

宋明理學的復古，就像西洋近代一般，有五百年的歲月。

然後又開始三百年的空白，其間有傳教士東來，但無甚結果。

其後就是一百多年的考驗，在西化洪流中求生存、求發展。

和西洋的發展一樣，中世吸取了希伯來文化之後，合併了希臘、羅馬，而形成悠久的基督教文化。中國秦漢魏晉的沒落，也招致了溶化佛學入中土的事實，而造成悠久的宗教情操。

在中西精神思想發展的過程中，二十世紀的西方，繼存在主義之後的神學發展；二十世紀的中國，繼中西文化論戰之後的佛學研究，都成爲學術界不爭的事實，這種人性回歸內心的宗教現象，顯然有其深奧的意義在。

第二部份 內容比較

一、在「史」的發展中，中西的精神思想，都有一個極明顯的事實，那就是自身文化不足以救亡圖存時，總可以借外來文化的衝擊，而再度興起高潮。西方的基督教與中國的佛學，都是不容抹煞的事實。

站在主觀「知」、「行」、「信」三者的立場來看，「知」的啓發，「行」的主張，「信」的提倡，都是在人性的超度方面著手，討論人如何在此世安身立命，又如何以「前世」和「來世」的學說來作動機，去爲「此世」的生命找得立足的基礎。

站在客體對象的「物」、「人」、「天」的立場來看，無論中西，走到極處時，都會走進神秘界，把「知物」、「知人」、「知天」的知識層次，推進到本體層次的不可知、不可視的境界。甚至更進一步，在這境界中，獲得了「天人合一」以及「物我合一」的渾然一體的形上思想。

於是，站在「人性」與「宇宙本體」的二元面前，宇宙問題與人生問題委實成了相輔相成的大統一。人性所嚮往，在整個精神思想發展中，正好由宇宙本體的存在所含攝。西洋的中心思想在於「道成肉身」，是一條由上而下，由天到人之道。這條道路首由希伯來民族所開創，而在羅馬帝國發展。中國的中心思想在乎進入「涅槃」，是一條由下而上，由人到佛之道。這條道路先由印度開創，而完成於中國文化的延續中。

二、西洋中世之後，立體重疊的宇宙價值，曾一度爲數理平面的理性主義和經驗主義的大意所摧殘，「知」的復古運動，走向了極端，否定了神秘世界以及藝術世界的「善」和「美」，而把哲學局限於「數理之眞」中。

於是出現了康德，以道德哲學的高處，重新連繫了感性、知性和倫理的層次；把分裂了的人性，重新統一起來：認定物理界的「存在」，是靜的；而人文世界則是「道德命令」，是動的。就在「道德命令」下，個人就要用意志來完成自身的存在。

在中國，就如宋明理學的誕生，也曾把先秦直觀所得，付諸於理知的解釋，設法以「知」的深度，解釋「行」的奧秘。都是用中心方法之外的路子，設法貫通人性的其它層次。

三、人性的啓發是人類精神文化最重要的貢獻；中西文化在這方面都提供了人的整體性，以及由整體性導引出來的「物質」與「超物質」二因素。

人在「宇宙化」中，以仰觀俯察的知識探討，得知宇宙存在的法則，而產生自然科學，而能改造物質世界，過一種文明的生活。而在「人文化」的「愼獨」以及「反求諸己」的修養中，連結了物質和超物質二元素，而作出自我超越的工作，使自己成爲「超人」；在知識上去求眞，在道德上求善，在藝術求美，在宗教求聖。

在「人文化」的深度探討中，「人性」是立體的。

它有感官、理知、心靈；它有知、有愛；用知去佔有世界，用愛去追求眞善美。就在知識、道德、藝術、宗教，都在發展中時，人性就從感官而理知而心靈，漸漸超度自己，安息在眞善美聖之中。

就在基於人性整體的探討原則下，筆者不提出中西的相同處或相異處，也不用哲學的比較法，說出同中有異，異中有同的微妙理論；而祇想在精神思想發展中，爲人類及世界找一條新的出路。

一條你我都將要走向的道路。

四、「宇宙化」的特質是：越研究越透徹，也就更能表現人的「工匠人」身份，物質生活也就會提高。

「人文化」的工作卻不同，它不能太快，否則就是文化的早熟，而忽視物質文明；甚至走進神秘界而無法落實到具體生活中。「人文化」就是使各民族、各文化變成自己獨有文化的最終理由。

從「人性」觀察中，「宇宙化」和「人文化」走著相輔相成的路子；但有時亦會走向極端，就如以精神文化來衡量物質文明，以爲祖先崇拜與鐵道相違，因而拆鐵軌，等情事。西洋曾一度發明了火藥，但立刻發展出機關槍，而爲害了人類。

「人文化」的過度偏激，會導引出神秘主義的主觀宗教，「宇宙化」的過份提倡，會使人類受到武力的奴役。中西方的精神思想發展，都會遇上這二難式。西方奧林匹克精神的開始，注入了「競爭」的血液，後來由耶穌基督的仁愛來補足；而到了十九世紀，又故態復萌，發展了唯物、共產、實證、實用，甚至以共產主義的「鬥爭」極端，佔據了半個地球。中國自先秦開始，都在提倡仁愛，一直經佛學的支持，到了今天，赤潮氾濫了大陸神州，而接受了「鬥爭」的思想；可是，仍有三民主義以及無數的僑民，都在與政府的合作下，支援仁愛的推廣。以爲人性是爲仁愛而創造的。

「仁愛」與「鬥爭」之爭，成爲當今世界最大最根本課題之一。

第三部份　現代意義

一、統一性：從引題中曾提及：精神思想在進步中，猶如拋物線之弧形，一定要到一定的時地才會落實；士大夫在這方面的成就，就在於用冷靜的頭腦，用灼熱的心，在文化落實之地等待。

今天來談「精神思想」，站在人道立場，站在整體人性立場，以眞善美聖的人心嚮往的對象，以及獲得這些對象的方法；知識、道德、藝術、宗教，來看今天的情形，就可在歷史發展中，看出人性究竟缺少了什麼東西。

很顯然的，西方十九世紀後半期的唯物、實證、實用、功利等思想，以及我國當代思想，有極多吻合處，都著迷在「科技」的「知」的層次，而對藝術和宗教，倫理和道德，則總是漠不關心。

由於中西接觸的頻繁，第三種文化似乎有產生的必要，它必需要利用著科技的發展，但有精神思想的內在涵義，在它之下的人性，必需具有「知」、「行」、「信」三種能力，同時對眞善美聖有根本的瞭解。在未來的文化類型中每一種文化可能發展某一種型態，但都由這統一性所包含；人性的自我超越，則是這統一性的最終目的。

二、多元性：由於「人」才是精神文化的創造者，環境、教育、血統的不同，也就陶冶成不同的類型，因而，特殊文化又必需保有某種足以分別彼此的特性，像禮讓與競爭，像謙遜與誠實。民族風格的保存，就如各種口味一般，都有必要長久的持續下去。就如西洋重「知」，對「眞」的探討不遺餘力，而中國重「行」，對「善」的追求勝過一切。而西洋在「知」之中，德國人喜用科學，而法國人喜用文學去表出。

三、相互補足性：就在人的整體性上看，很顯然的，各種文化體系，以及各時代的精神文化，都有其特別的重心。因而，理想的新型文化，必會是取長補短，互相補足的。就如「家」觀念與「公德心」，必需互相補足，科學管理和人事制度，也要一併實行。

「人性」的相互補足，早在男女性別上顯示出來，雙方性格的不同，注意焦點的各異，而形成主內主外的相互補足性。同樣，世界各民族、經數千年發展的文化，也可以相互補足。

有了「統一性」、「多元性」、「相互補足性」之後，關心自己文化的人，就大可安心；知道祇要自己衞護着自己的精神傳統，別的文化是無法以侵略的方式，加以摧毀的。所可怕的、所應關心的，是那些負有保存並發揚自身文化的士大夫，如果他們開始出賣文化，像滿洲人入主中原之後，羨慕漢族文化；由於太注重「統一性」，而忽略了「多元性」，而將自己的消滅了。或者，一些愛國志士，心有餘而力不足，極力要保存並發揚傳統，但缺乏整體性的體認，而祇固守在自身不足夠的系統中，像巴比倫之於色情，像埃及之注重現世。

今後的世界潮流，任何一個民族，任何一個國家，都將在「統一性」中發揚自身的文化，在「多元性」中自存，在「相互補足性」中接受別人的長處。

兄弟在這裏，可以大膽地設計一種未來世界的精神思想藍圖，以與各位讀者共同探討：

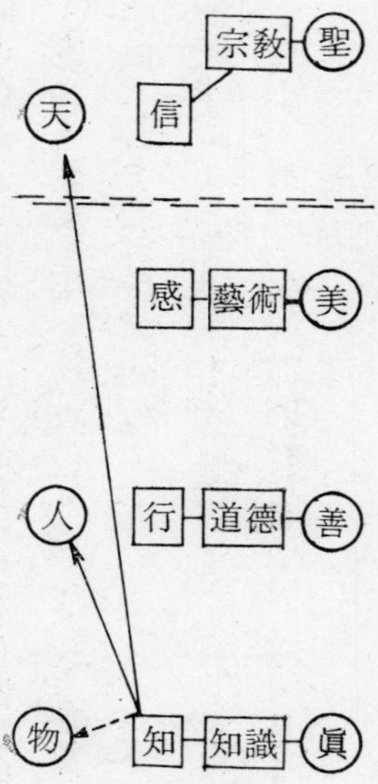

在未來文化中的完人，必需具有知、行、感、信四種能力，以針對眞善美聖的對象，而且是以知識、道德、藝術、宗教的方法去抵達。眞、善、美可以是此世的東西，但是，聖則是彼岸的，唯有此世的眞、善、美可以象徵表出。

一、知的層次求眞，其知識論有系統的發展，到目前爲止，在對「物」的認知上，也就是對「工匠人」的責任上，無疑的，西洋的科技高人一等，是全世界文化應當學習，而且亦正在學習的文明生活。

但是，知「物」之外，還要知「人」，而人與物的最大分野是：用物與愛人。物可以佔有，而人則具有尊嚴和價值，是愛的對象。人與人之間的關係，於是升到「行」的層次。

二、行的層次指著一個人如何做人的問題，它所要求的，不是知識論的事實的眞，而是理想中的善。修身以及人際關係的啓發，沒有別的文化比中國倫理更周詳：中國人情味的方式，是全世界應當學習的模範。

三、從知人知物到知天的道途，通常透過藝術的美，人性祇能憑感受把握這個層次。各民族都有其特殊表現方式，這點在性情陶冶上，對修身有幫助，對宗教情操的表現有助益，但對具體生活，沒有太直接的影響。

四、宗教是站在現世去談彼岸的眞實，因而亦特別著重解脫此世的束縛，而專心聽從彼岸來的信息，以解決自身來世的問題。中國儒家的「天人合一」構想，佛家的「涅槃」境界，很可能在基督宗教中找到答案。因爲祇要人性有開始，而無終了，它的始點與永恒的連結，就必然在一切都成爲「極比級」的至眞、至善、至美、至聖的上帝之中。而這位比人聰明，比宇宙偉大，比時間更長的造物者，總可以借著「宇宙化」和「人文化」兩種方式，參與在宇宙和人生中；而在人生之中亦可以「降凡」方式，參與在人類歷史中，而成爲人類中的一員，卻不失去其原始的神性。具體的「天人合一」的「向下之道」，是否就是補足理想的「向上之道」？頂天立地的完人，是否就在基督宗教中，在耶穌基督身上找到模範。

若然，在知、行、感、信四能力上看，知可以用西洋科技方法去探討，行需向中國倫理思想學習，感則保留每種文化自身氣質，而信則由希伯來信仰的「從彼岸來的信息」作代表。

當然，在這設計中，每一種文化本身由於源遠流長，本身就有一些值得改進的地方，像西方科技的知，過於強調「佔有」和「改造」，而必須加上一些「和諧」的藝術氣氛。中國的人際關係，尚未走出家的束縛，必須在「公德心」上多加努力。基督宗教中的希臘羅馬色彩太濃，應該回到希伯來較原始的人神關係之中等等。

就在設計未來文化的情事上，應該注意著人性的各種情況：著重「情」、「理」、「法」的滿足。在情上，的確可使人「心滿意足」；在理上，能解釋宇宙和人生的全部問題，至少要解決幾個重大的問題，如人生從何來，應作何事，死歸何處的大問題。在法上，能解決每一個人心中疑難，但同時又能解釋全世界人類的困難，包括物質的、精神的、今生的、來世的。

（節自六六年四月七日「哲學與文化」比較哲學講稿）

滄海叢刊已刊行書目（四）

書名	作者	類別
詩經研讀指導	裴普賢	中國文學
莊子及其文學	黃錦宏	中國文學
清眞詞研究	王支洪	中國文學
浮士德研究	李辰冬譯	西洋文學
蘇忍尼辛選集	劉安雲譯	西洋文學
文學欣賞的靈魂	劉述先	西洋文學
音樂人生	黃友棣	音樂
音樂與我	趙琴	音樂
爐邊閒話	李抱忱	音樂
琴臺碎語	黃友棣	音樂
音樂隨筆	趙琴	音樂
樂林蓽露	黃友棣	音樂
水彩技巧與創作	劉其偉	美術
繪畫隨筆	陳景容	美術
都市計劃概論	王紀鯤	建築
建築設計方法	陳政雄	建築
建築基本畫	陳榮美 楊麗黛	建築
現代工藝概論	張長傑	雕刻
戲劇藝術之發展及其原理	趙如琳	戲劇
戲劇編寫法	方寸	戲劇

滄海叢刊已刊行書目（三）

書名	作者	類別
比較文學的墾拓在臺灣	古添洪 陳慧樺	文學
從比較神話到文學	古添洪 陳慧樺	文學
牧場的情思	張媛媛	文學
萍踪憶語	賴景瑚	文學
讀書與生活	琦君	文學
中西文學關係研究	王潤華	文學
文開隨筆	糜文開	文學
知識之劍	陳鼎環	文學
野草詞	韋瀚章	文學
現代散文欣賞	鄭明娳	文學
藍天白雲集	梁容若	文學
寫作是藝術	張秀亞	文學
陶淵明評論	李辰冬	中國文學
文學新論	李辰冬	中國文學
離騷九歌九章淺釋	繆天華	中國文學
累廬聲氣集	姜超嶽	中國文學
苕華詞與人間詞話述評	王宗樂	中國文學
杜甫作品繫年	李辰冬	中國文學
元曲六大家	應裕康 王忠林	中國文學
林下生涯	姜超嶽	中國文學

滄海叢刊已刊行書目（二）

書名	作者	類別
不疑不懼	王洪鈞	教育
文化與教育	錢穆	教育
教育叢談	上官業佑	教育
印度文化十八篇	糜文開	社會
清代科學	劉兆璸	社會
世界局勢與中國文化	錢穆	社會
國家論	薩孟武譯	社會
紅樓夢與中國舊家庭	薩孟武	社會
財經文存	王作榮	經濟
中國歷代政治得失	錢穆	政治
黃帝	錢穆	歷史
歷史與人物	吳相湘	歷史
中國歷史精神	錢穆	史學
中國文字學	潘重規	語言
中國聲韻學	潘重規 陳紹棠	語言
文學與音律	謝雲飛	語言
還鄉夢的幻滅	賴景瑚	文學
葫蘆・再見	鄭明娳	文學
大地之歌	大地詩社	文學
青春	葉蟬貞	文學

滄海叢刊已刊行書目（一）

書名	作者	類別
中國學術思想史論叢(一)(二)(三)(四)(五)(六)	錢穆	國學
兩漢經學今古文平議	錢穆	國學
中西兩百位哲學家	鄔昆如 黎建球	哲學
比較哲學與文化	吳森	哲學
哲學淺論	張康譯	哲學
哲學十大問題	鄔昆如	哲學
孔學漫談	余家菊	中國哲學
中庸誠的哲學	吳怡	中國哲學
哲學演講錄	吳怡	中國哲學
墨家的哲學方法	鐘友聯	中國哲學
韓非子哲學	王邦雄	中國哲學
墨家哲學	蔡仁厚	中國哲學
希臘哲學趣談	鄔昆如	西洋哲學
中世哲學趣談	鄔昆如	西洋哲學
近代哲學趣談	鄔昆如	西洋哲學
現代哲學趣談	鄔昆如	西洋哲學
佛學研究	周中一	佛學
佛學論著	周中一	佛學
禪話	周中一	佛學